迈向低碳未来：
青海省“双碳”实现路径研究

赵玲　吉敏全◎著

中国经济出版社
CHINA ECONOMIC PUBLISHING HOUSE
北京

图书在版编目（CIP）数据

迈向低碳未来 ：青海省“双碳”实现路径研究 / 赵玲，吉敏全著. -- 北京 ：中国经济出版社，2025. 7.

ISBN 978-7-5136-8148-3

Ⅰ. F127. 44

中国国家版本馆 CIP 数据核字第 2025DG0604 号

责任编辑 冀 意
责任印制 李 伟
封面设计 久品轩

出版发行 中国经济出版社
印 刷 者 河北宝昌佳彩印刷有限公司
经 销 者 各地新华书店
开　　本 710mm×1000mm　1/16
印　　张 13.25
字　　数 200 千字
版　　次 2025 年 7 月第 1 版
印　　次 2025 年 7 月第 1 次
定　　价 88.00 元
广告经营许可证 京西工商广字第 8179 号

中国经济出版社 **网址** http://epc.sinopec.com/epc/ **社址** 北京市东城区安定门外大街 58 号 **邮编** 100011
本版图书如存在印装质量问题，请与本社销售中心联系调换（联系电话：010-57512564）

前 言

PREFACE

在当前全球气候变化日益严峻的背景下，党中央、国务院高度重视生态文明建设和环境保护，在 2020 年 9 月 22 日的第 75 届联合国大会上提出了碳达峰碳中和（以下简称“双碳”）的战略目标，力争在 2030 年前实现碳达峰，2060 年前实现碳中和。青海省作为中国西部重要的生态安全屏障，承担着维护生态平衡、实现可持续发展的重要职责。本书通过系统研究青海省在实现“双碳”目标过程中的科学路径和实际行动，旨在为青海省乃至全国的低碳发展和生态文明建设提供参考与借鉴。

本书从国际形势、国内政策导向和青海省的实际情况出发，深入分析了碳达峰和碳中和的必要性及紧迫性，同时从碳达峰碳中和的理论溯源和基础入手，在全面回顾大量碳达峰碳中和研究文献的基础上，根据党中央的决策部署科学阐述了实现“双碳”目标的科学内涵，以定性与定量分析相结合的方式，阐述了青海省实现“双碳”目标的基础条件，系统分析了青海省碳排放量、碳排放驱动因素、碳排放情景预测及增汇减排潜力，并预测了青海省碳减排变化趋势，提出青海省实现“双碳”目标的路径及保障措施，为青海省科学有序地实现“双碳”目标提供政策依据。

本书是国家自然科学基金项目“基于生态安全的青海三江源地区低碳交通体系构建研究”（项目编号：71463048）的后期研究成果。书中结合青海省的产业特点、能源结构和环境承载力，提出了一系列切实可行的政策建议，以科学的方法指导省内各级政府和企业采取有效行动，共同推进绿色低碳发展。

希望本书能够为政策制定者、研究人员和公众提供理论支持和实践指导，共同为全球气候行动贡献力量。本书的研究成果不仅增强了对青海省在全国碳中和战略中作用的认识，也为其他省份提供了实现碳中和的参考模式。

通过对青海省“双碳”实现路径的探索，我们期待携手所有利益相关者，以创新和协作推进生态文明建设，实现能耗“双控”向碳排放总量和强度“双控”转变，实现碳达峰目标，走出生态友好、绿色低碳、具有高原特色的高质量发展道路，为青海省建设国家生态文明试验区、打造成全国乃至国际生态文明高地奠定坚实的基础，为保护地球家园贡献中国力量。

本书参编者及编写分工情况如下。

赵玲：教授，博士研究生导师，主要承担数据分析与决策、数据分析实验、经济学专题等课程，研究领域为青藏高原区域生态经济与可持续发展。5 年来完成国家社科基金项目 1 项、青海省社科项目 1 项，在研国家社科基金 1 项，发表论文 6 篇，其中 CSSCI 论文 1 篇，北大核心 3 篇。出版专著 2 本，合著专著 5 本，参与科技部重点专项 1 项，参与国家级课题 2 项。主要负责本书第 1 章至第 3 章及第 7 章内容的编写工作。

吉敏全：教授，研究生导师，主要承担省农业低碳化实践与路径探索、三江源地区低碳交通体系构建等相关的科研项目。主要研究方向为技术进步与区域发展、低碳经济、技术经济、综合评价理论与方法。完成课题获省级社科一等奖 1 项、二等奖 2 项，研究成果录入中国科协智库著作《中国创新 50 人笔谈》。主要负责本书第 4 章至第 6 章内容的编写工作。

全书由赵玲教授统稿、修改，青海大学在读研究生薛祎萍负责数据收集整理和校对。

目 录

CONTENTS

1

绪　论

青藏高原，素有“地球第三极”与“亚洲水塔”之称，是全球气候变化的敏感区域，宛如一座天然实验室。近年来的研究表明，2000—2020年，青藏高原地区“温升”态势显著，其地表温度与空气温度呈明显上升趋势，每10年的增温幅度可达0.21℃ ±0.13℃（均值），这一增温幅度显著高于北半球的平均水平。与此同时，高原地区大气水汽含量和降水量也呈现增多趋势，暖湿化趋势越发明显。

在暖湿化的作用下，高原地区水循环过程显著加快，具体表现为降水增多、冰川和积雪融化、冻土活动层增厚等现象。这些变化导致高原部分地区冰崩、冰湖溃决、冰川洪水、泥石流、寒潮和雪灾等自然灾害频繁发生，对当地生态系统的稳定以及人们的生产生活造成了严重影响。青藏高原的暖湿化主要源于全球气候的显著变化，人类一系列的过度活动致使碳排放浓度上升，进而引发温室效应，成为推动全球气候显著变化的主要因素。国际能源署在《2023年全球能源回顾》中估算，作为全球最大的发展中国家，中国2022年碳排放量约占全球总量的30%，是名副其实的碳排放大国。面对气候变化挑战，我国积极投身国际碳减排合作，承诺力争在2030年前实现碳达峰，2060年前实现碳中和。在全球减排增汇的大环境下，中国政府采取了一系列切实可行、系统全面的措施，全力减少碳排放，为全球控制“温升”贡献中国力量。

值得注意的是，青藏高原的核心区域覆盖了青海省全境。作为众多江河的发源地，青海省不仅承载着维系我国东部生态安全的重任，更是全球重要自然生态系统单元的关键组成部分。保护好青海省生态环境，是关乎“国之大者”的要事。“国之大者”深刻体现出青海省生态保护并非仅关乎一省，青海省作为众多江河的发源地，若无法保障“一江清水向东流”，则整个中国的生态都将受到严重影响，而青海省碳排放量的变化，也直接关系到中国实现“双碳”目标的整体规划与碳减排任务的全面完成。然而，经对 Web of Science 和中国知网（CNKI）等数据库近 10 年的文献检索发现，目前针对青海省碳排放和碳减排情况的系统定量分析仍较为匮乏，尤其是对其碳减排潜力的深度挖掘。因此，本书聚焦青海省碳排放潜力问题展开研究，有助于厘清青海省碳排放效率、驱动因素、发展趋势等，精准预测青海省碳减排变化走向，从而为实现全国“双碳”目标、制定科学合理且循序渐进的碳减排政策提供坚实的依据。

1.1 研究背景

1.1.1 国际研究背景

随着人类经济社会的发展，特别是工业化进程的快速推进，大量化石能源的消耗致使全球气候变化，这一问题已引发全世界的广泛关注。1979 年，在瑞士日内瓦召开的第一次世界气候大会上，科学家们发出警告：大气中二氧化碳浓度的增加将导致地球气温升高。至此，气候变化首次作为一个受国际社会瞩目的问题被提上日程。能源的过度消耗会引发一系列生态环境问题，这一情况受到越来越多国家和民众的重视。各国以“避免人类遭受气候变暖威胁”为目标，大力发展低碳经济，加速绿色能源开发，积极应对气候变化，这已成为国际社会的共识与共同行动。

《联合国气候变化框架公约》《京都议定书》《巴黎协定》等一系列气候公约的谈判与签署，为国际社会应对全球气候变化构建起国际环境合作的基本框架，提供了制度性平台。在这样的国际合作大环境下，经过参会各国的艰苦谈判，《巴黎协定》实施细则于 2018 年 12 月最终通过。该协定秉持“共同但有区别的责任”原则，对 2020 年后各缔约方如何通过协同合作落实《巴黎协定》、积极应对全球气候变化行动作出进一步规划。该协定设定了全球平均气温上升的目标，最理想状态是将升温幅度控制在不超过 1.5℃，建议上限为不超过 2℃。

2021 年 11 月，在英国格拉斯哥举行的《联合国气候变化框架公约》第二十六次缔约方会议（COP26）上，达成了史上首个明确计划减少煤炭用量的全球协议，旨在推动全球碳减排。同时，会议期间发布的《中美关于在 21 世纪 20 年代强化气候行动的格拉斯哥联合宣言》也明确了双方在减少碳排放方面的合作方向。

在此背景下，中国积极探索以减少碳排放为目标的低碳经济发展模式，并切实履行国际社会责任。2015 年和 2020 年，我国政府两次作出承诺：宏观目标是力争于 2030 年前实现碳达峰，2060 年前实现碳中和。具体指标为以 2005 年为基准，单位 GDP 的二氧化碳排放量降低 60%~65%，森林蓄积量增加约 45 亿立方米。

为了更好地实现这些目标，我国政府不断出台相关政策。市场监管总局办公厅、国家发展改革委办公厅、生态环境部办公厅联合印发《碳排放计量能力建设指导目录（2024 版）》，旨在全面提升我国碳排放计量能力，确保碳排放数据的准确性与可靠性，为碳市场建设和温室气体减排提供坚实的技术支撑。此外，国务院发布《2024—2025 年节能降碳行动方案》，该方案旨在加大节能降碳工作的推进力度，采取切实有效的措施，尽最大努力完成“十四五”节能降碳约束性指标。

在全球气候变化与环境形势日益严峻、国际政治格局深刻演变以及人类命运共同体建设稳步推进的大背景下，结合中国经济社会自身发展需求，如何在确保经济持续增长的同时实现“双碳”目标，已成为中国社会亟待解决的重大课题。

1.1.2 国内研究背景

改革开放 40 余年来，伴随工业化、城市化的迅猛发展，我国 GDP 以年均 9.6% 的速度递增，现已稳固占据世界第二大经济体的位置，社会生产力水平得到显著提升。这些成就的取得离不开化石能源的有力支撑，但同时也致使我国二氧化碳等温室气体排放急剧增多，我国已成为全球主要的二氧化碳排放经济体之一，大量的二氧化碳排放对大气环境造成污染，破坏了生态平衡。

尽管我国在应对气候变化方面取得了积极进展，2022 年碳排放强度相较于 2005 年下降幅度超过 51%，相当于减少二氧化碳排放 58.6 亿吨，但与我国对国际社会的承诺相比，仍存在一定差距。因此，我国“十四五”规划明确提出“支持有条件的地方率先达到碳排放峰值”。“双碳”目标的实现，关乎中华民族的永续发展以及人类命运共同体的建设，现已上升为国家政策与国家行动。

此外，我国能源自给能力有所下降，石油、天然气等能源对外依存度较高，对煤炭、石油、天然气等化石能源的需求量依旧呈增长态势。依据《BP 世界能源展望（2019）》报告的预测，到 2040 年，我国将消耗全球超过 1/5 的石油、天然气和煤炭等能源。其中，石油、天然气的能源消费量将分别增长 19%、166%，煤炭的能源消费量将下降 25%。我国“多煤、少油、贫气”的能源特点，决定了石油和天然气等主要能源依赖进口的现状。

《中国能源统计年鉴（2023）》数据显示，2023 年我国原油进口量为 5.64 亿吨，较 2022 年增长 11%。成品油进口量创下历史新高，达 4755 万吨，同比增长 80.4%。其中，燃料油进口量大幅增长，达 2783 万吨，较 2022 年增长 113.4%；航空煤油出口量为 1586 万吨，首次超越柴油和汽油，成为第一大出口油品；石脑油净进口量为 1235 万吨，达到历史最高水平。同年，我国天然气净进口量为 1589.45 亿立方米，较 2022 年增长 9.67%。包括丙烷、丁烷和混合气在内的液化石油气（LPG）进口量增长至 3219 万吨，较 2022 年增长 21%。

预计未来，我国原油进口量将保持小幅上升趋势；炼油能力过剩问题需予以高度关注，进一步扩大成品油出口仍是重要方向；LPG 进口数量将持续增长，进口能力也将不断提升，我国需提高在国际贸易中的参与度与自身话语权；天然气消费仍存在巨大的增长空间，“双碳”目标将推动我国天然气进口量持续攀升。

根据国际能源署的推算，2040 年我国石油和天然气对外依存度将进一步提高，石油进口对外依存度将从 2023 年的 67% 增至 2040 年的 76%；而天然气进口对外依存度将从 38% 升至 43%。

长期以来，由于我国持续开展能源开采工作，在 118 个资源型城市中，许多能源资源逐渐枯竭。目前，国家认定的资源枯竭城市已达 69 个，这表明超过半数的资源型城市面临资源枯竭的困境。这些资源枯竭城市中，包含 37 个煤炭城市、4 个石油城市和 1 个天然气城市。资源枯竭导致这些城市出现经济发展动力不足、产业结构单一、生态环境破坏严重、失业人口增加等一系列问题。为实现可持续发展，这些城市亟须转型，而减少化石能源依赖、发展低碳产业正是转型的关键方向。

基于上述种种情况，我国迫切需要减少化石能源的使用量，降低碳排放，深入挖掘碳减排潜力，坚定不移地走绿色低碳循环经济的发展道路。

1.1.3 青海省研究背景

青藏高原自然生态系统的稳定，既依赖全球及全国层面的共同努力，也需要青海省积极调整产业结构，加快绿色低碳发展步伐，从而维持生态系统的稳定。研究显示，近 70 年来，在全新世气候适宜期温暖湿润的背景下，高原植被、湖泊、土壤、冰川及冻土的变化，充分反映出高原环境的优劣与气候环境变化密切相关。依据线性模型的分析结果，若暖湿化趋势得不到有效遏制，将会带来诸多严峻挑战：引发冻土加速融化，进一步加剧全球气候变暖；对水资源的可持续性构成威胁；增大水土流失风险；极端天气引发地质灾害的可能性增加；江河湖泊水位上涨，致使林地及草场被淹没；生态阻隔功能减弱，有害生物发生风险系数增大；生态环境退化风险也将随之增大；等等。由此可见，科学有序地推进减排增汇，对于维护国家生态安全具有重大意义。一方面，能够从整体上维护青藏高原生态安全屏障的稳定，确保“中华水塔”功能持续良性发展；另一方面，可以减缓气候变化对国家生态环境的影响，切实保障国家生态安全。

面对青海省工业能源消耗比重依旧偏高的现状，为顺应产业绿色化发展的需求，青海省需要通过减排增汇来提升自身绿色发展能力。现阶段，青海省产业结构呈现“三二一”格局，第三产业发展势头迅猛，第二产业增速有所放缓，工业增加值占 GDP 的比重为 20%~30%，显著呈现工业化中期特征。受发展阶段、资源禀赋和技术水平等多种因素的综合影响，青海省工业构成中，钢铁、煤炭、冶金、化工等资源型重工业企业占比较高，这些企业具有高耗能、高排放的特性。2015—2022 年，工业能源消耗量年均增长 1.52%，在能源消费总量中的比重约为 80%，占第二产业能源消费量的比重超过 98%。同时，从三次产业能源消费情况及其占比来看，第二产业能源消费量从 2015 年的 3305.2 万吨标准煤增加到 2022 年的 3708.35 万吨标准煤，第三产业和城乡居民生活能源消费量始终保持持续增长态势。与此同时，第二产业能源消费占比从 2015 年的 88.29% 下降到 2022 年的 85.14%，第三产业和居民生活能源消费量占比呈不断上升趋势。上述数据表明，青海省能源消费结构正处于逐步分化的过程中。尽管第二产业，尤其是工业领域能源消费强度的降低是促使碳排放量降低的关键因素，但目前工业能源消费占比仍然偏高，与产业绿色化日益提高的要求之间存在明显差距，亟待改善。

从可持续发展的要求出发，青海省能源结构亟须优化与完善，以逐步缓解减碳目标带来的压力。2015—2022 年，青海省平均能源自给率为 85.34%。在能源生产方面，总量逐年上升，平均生产量为 3594.12 万吨标准煤，电力作为主要的生产能源，占比约为 49.6%；在能源消费方面，平均能耗为 4203.76 万吨标准煤。从变化趋势来看，天然气和电力消费比重不断提高，而石油和煤炭消费比重则明显下降。由于石油和煤炭消费比重的降低，碳排放量逐渐回落。电力消费比重的提升，既反映出清洁能源开发利用水平显著提高，也表明能源消费结构正在逐步优化。然而，仅从消费比重来看，化石能源占比仍高达 60.39%，而电力消费占比则为 39.61%。这表明，总体能源消费结构仍不够“清洁”，碳减排压力依然较大。

1.2 研究目的和意义

1.2.1 研究目的

在应对气候变化的大背景下，碳减排研究已成为学术界关注的焦点。当前研究多聚焦工业、交通等特定行业，或针对中国全域及京津冀、长三角、珠三角等经济发达区域展开探讨。相比之下，针对欠发达地区青海省全域碳排放的研究相对匮乏，尤其是从三次产业视角开展的碳排放研究仍处于起步阶段，导致支撑青海省实现碳达峰碳中和的理论基础较为薄弱。

青海省作为生态价值高、生态责任重、生态潜力大的省份，当前正处于实现绿色发展与全方位振兴的关键时期。在此进程中，转变依赖传统化石能源投入的经济发展模式，破解传统发展模式导致的高碳排放难题，迫切需要更多理论支撑和政策指导。

尽管青海省森林覆盖率仅为 7.5%，但草原综合植被盖度达 57.8%，湿地面积达 712 万公顷（占全国湿地总面积的 12.64%），位居全国前列。此外，青海省广袤的土壤、冻土、冰川、荒漠、戈壁等共同构成重要的生态系统碳汇，形成显著的生态碳汇盈余地。本书基于青海省生态碳汇、碳排放量等数据，采用“生态碳汇碳源”概念（特指森林生态系统的碳收支平衡），构建 STIRPAT 模型与 Kaya 恒等式，从碳源和碳汇两个维度分析经济增长、人口规模、产业结构等社会因素对碳排放的驱动效应。分析在减排因素作用下，青海省及三次产业能否如期实现碳达峰，进而判断青海省挖掘碳减排潜力和提升碳排放效率潜力的可能性，最终提出提前实现“增汇减排”目标的技术路径与保障措施体系。具体内容如下。

（1）合理估算青海省碳排放量和生态碳汇量

依据联合国政府间气候变化专门委员会（Intergovernmental Panel on Climate Change，IPCC）能源碳排放核算指南（2006 版），采用“活

动数据 × 排放因子”法，选取青海省相关统计数据，合理测算 2010—2022 年青海省碳排放总量，并分析碳排放量的发展趋势与变化规律。

（2）深入探究青海省及三次产业碳达峰趋势

本书借助对数平均迪氏指数法（Logarithmic Mean Divisia Index，LMDI），以青海省及三次产业为研究对象，深入探究能源结构、产业结构、经济产出、人口等因素对青海省碳排放的影响程度。在明确经济产出是碳排放的最主要驱动因素后，从经济增长和时间演变两个维度，运用环境库兹涅茨曲线（Environmental Kuznets Curve，EKC），通过研判青海省及三次产业碳排放与经济发展的关联、经济增长与碳排放之间是否存在库兹涅茨假设，以及碳排放的峰值是否达成等情况，定量分析得出青海省碳达峰的具体年度和人均地区生产总值，并将推动三次产业实现碳达峰作为碳减排工作的核心任务。

（3）研究青海省碳排放效率潜力的提升空间

运用《2006 年 IPCC 国家温室气体清单指南》（以下简称“2006 IPCC 指南”）第二卷介绍的参考方法及计算公式，构建青海省碳排放效率测度模型。具体而言，选取全国 30 个省（区、市）的经济因素作为产出变量，将与之关联程度较高且影响较大的相关因素作为投入变量和环境变量，通过该模型测算出青海省碳排放效率值及其在全国的排名情况。基于上述测算结果，能够精准判断青海省碳排放效率与前沿水平的差距，以及与先进省份在碳排放效率方面的差异。这一分析有助于深入挖掘青海省碳排放效率的提升潜力，为后续制定针对性的碳减排策略和提升碳排放效率的措施提供关键依据。

（4）探究增汇减排驱动因素变化趋势，评估青海省碳减排潜力实现的可能性

本书利用 GM（1，1）灰色理论模型，对青海省 2023—2030 年碳排放量变化趋势展开预测。同时，对生态碳汇因素以及经济产出、人口、

产业结构等减排驱动因素的未来变化趋势进行系统预测。在综合考量各驱动因素影响的基础上，科学判断青海省实现碳减排目标的可能性。此外，为了精准识别提升碳减排潜力的关键因素，运用灰色关联度模型，深入分析增汇减排各驱动因素与碳排放的关联程度，将影响力显著、关联度高的因素，确立为挖掘青海省碳减排潜力的核心着力点。后续采取的相关措施也将重点聚焦于引导这些关键要素朝着有利于碳减排的方向发展，从而切实推动青海省碳减排工作的有效开展。

（5）研究并提出适用于青海省的碳减排保障措施和发展路径

在对碳排放效率、碳排放驱动因素以及碳排放与三次产业相关性等研究的基础上，针对青海省三次产业的不同特性，将那些对青海省碳减排产生影响的因素作为实现碳减排政策措施的主要研究方向。同时，提出青海省实现“双碳”目标的发展路径和保障措施。

1.2.2 研究意义

气候变化带来的危害已获得世界公认，我国积极应对气候变化，向世界作出减排承诺。为实现这一目标，我国在“十四五”规划中明确了减排目标、时间表与路线图。在国家“两屏三带”生态安全战略格局中，青藏高原生态屏障是五大绿色板块中面积最大且最为关键的一块。青海省作为青藏高原生态屏障区的重要组成部分，承担着保护多样且独特的生态系统、涵养大江大河水源以及调节气候的生态功能，其生态地位极为特殊。三江源、祁连山黑河和疏勒河源头是全国水源涵养的“最重要”区域，祁连山南部、长江源地区处于全国生物多样性保护的“极重要”区域，青海湖部分地区处于全国土壤保持的“极重要”区域。青海省重要的生态安全状况，不仅关系国家生态安全和国家总体安全，更关乎中华民族的永续发展。

然而，在经济增长、能源消费与碳排放构成的复杂系统中，矛盾依然突出。以高耗能、高排放为代价换取青海省经济增长，会打破经济发展和碳减排之间的平衡，既不利于生态文明建设，也不符合国家政策要求。因此，如何在完成经济发展任务的同时有效减少碳排放，成为当下极为紧迫的问题。研究挖掘青海省碳减排潜力，发展低碳经济，制定减少能源消费、降低碳排放的政策措施，对全国实现碳减排目标、履行国际承诺具有重大的理论和实践意义。

1.2.2.1 理论意义

（1）拓宽省级区域碳排放研究区域范围

在当前应对气候变化，实现碳减排、碳达峰、碳中和目标的背景下，众多学者均关注能源消费、碳排放和经济增长之间的相互关系等问题。但大多数学者的研究主要集中在两个方面：一方面是针对畜牧业、制造业、交通、旅游等某单一领域的低碳问题进行研究；另一方面是从区域角度，对国家层面、部分区域以及某省级行政区域的碳排放问题展开研究。省级行政区域碳排放的研究案例多集中在京津冀、长三角、珠三角等经济发达地区，以青海省为例进行碳排放和经济增长关系研究的学者较少。我国幅员辽阔，地区差异大，经济发展中碳排放量的影响因素各不相同，其他省份的碳排放研究成果难以适用于青海省，亟须更多以青海省为对象的研究成果。本书丰富了碳排放研究的区域案例，填补了省级区域碳排放研究中对青海省关注的空白，拓宽了省级区域碳排放研究的范围。

（2）扩展碳排放问题的研究方法和角度

本书运用Kaya恒等式、LMDI指数分解法、Tapio脱钩理论模型、灰色系统GM（1，1）/GM（0，N）模型、EKC等多种量化分析工具，系统研究青海省碳排放效率、碳达峰路径及中长期排放趋势。通过多模型综合测算与交叉验证，从而在一定程度上提升研究结论的真实性和准确性。

在研究对象选择上，突破传统研究以省级行政区为整体单元的局限性，本书立足全青海省角度，首次从三次产业维度解构青海省碳排放特征。本书通过比较研究三次产业碳排放驱动因素的异同，揭示了产业结构演变与碳排放的非线性关系。这一研究视角的拓展不仅丰富了碳排放领域的方法论体系，更为区域低碳发展政策制定提供了差异化理论依据。

1.2.2.2 实践意义

（1）有助于了解青海省碳排放量的变化趋势

经测算，青海省碳排放呈现先快速上升、后缓慢增长的趋势，总体处于上升状态。其中，第一产业和第三产业的碳排放呈现先升后降的趋势，而第二产业的碳排放总体呈下降趋势。了解青海省碳排放的变化趋势，有助于人们认清其碳排放的实际情况，从而制定合理的碳减排政策。

（2）有助于准确定位青海省碳排放效率在全国的位次

本书分析了青海省碳排放的相对效率、与前沿面的距离，以及与其他省（区、市）的位次差距，从而能够清晰地判断青海省碳排放效率在全国所处的位置，并客观、准确地评估其在全国范围内的碳排放效率。这不仅为制定切实可行的碳减排政策提供了坚实的依据，还有助于深度挖掘碳排放潜力，积极推动技术创新发展。通过这些举措，能够有效促使青海省碳排放的实际产出与技术效率逐步逼近前沿水平，甚至在部分领域实现对先进省份的赶超，从而在全国碳减排格局中占据更为有利的位置。

（3）有助于青海省从三次产业的角度制定碳减排政策措施

本书采用 Tapio 脱钩理论模型与库兹涅茨曲线理论，深入分析了三次产业碳排放量与经济因素之间的动态演变规律，并预测了青海省三次产业碳达峰拐点的出现时间。在确保经济持续增长的基础上，依据各产业碳排放的特征及其演变趋势，探讨了节能减排的策略与建议。同时，针对影响三次产业碳排放增长的多元因素，提出了具体的应对措施，以避免减排政策过于宏观和泛化，陷入在特定产业中难以落实的困境。

1.3 研究方法

1.3.1 文献分析法

借助各类网络文库资源，广泛搜集国内外碳排放、生态碳汇领域的书籍及期刊文章。在深度研读这些文献资料的基础上，系统梳理国内外学者针对碳排放问题的研究历程、研究方向与方法，以及对未来碳排放问题研究趋势的预测。以此为基础，明确本书的研究重点与主题，确保研究具有针对性和前瞻性。

1.3.2 定量研究法

本书收集青海省近 10 年生态资源、能源消耗、经济发展、人口数量等方面的相关数据，运用相应的计量模型与计算软件，深入剖析青海省碳排放与经济发展之间的数量关系及内在逻辑。基于数量分析结果，探讨青海省碳排放的成因、绩效评价以及发展趋势等问题，为后续研究提供量化支撑。

1.3.3 因素分解法

运用 LMDI 指数分解法，对青海省碳排放强度变化以及能源消耗、经济发展、人口、产业结构等影响因素展开分解分析。通过这一过程，明确各因素在青海省碳排放变化中所占比重以及影响程度的主次关系。其中，起主要驱动作用的因素将成为青海省碳减排政策实施的主要对象与重点关注内容，为青海省低碳经济发展提供有力的分析依据。

1.3.4 比较分析法

从能源消费量与碳排放量两个维度，对全国与青海省进行比较分析，研究二者碳排放的变化趋势。同时，依据“2006 IPCC 指南”第二卷介绍的参考方法及计算公式，构建碳排放强度与弹性系数模型，测算全国

30 个省（区、市）的碳排放效率。通过对比分析，揭示青海省碳排放效率与其他省份存在的差距。这种对比分析有助于科学、合理地把握青海省发展低碳经济的客观规律，为制定针对性策略提供参考。

1.4 研究思路和主要内容

本书的研究思路按照“理论知识研究—相关数据收集—实证分析研究—对策建议研究”这一逻辑路径展开。

首先，在全面分析和综述国内外低碳经济研究以及碳排放研究成果的基础上，从碳源与碳汇的视角出发，深入剖析青海省及三次产业在能源消耗和碳排放量方面的现状，并对青海省的生态碳汇量进行精准测算。此步骤旨在从理论层面梳理研究基础，同时对青海省的实际情况进行初步摸底，为后续深入研究提供理论支撑与现实依据。

其次，运用“2006 IPCC 指南”第二卷介绍的参考方法及计算公式，对青海省的碳排放情况以及碳排放效率进行科学测算。借助 LMDI 指数分解法，系统分析影响青海省三次产业碳排放的各类因素。针对其中影响最大的经济因素，进一步利用 EKC 对其与碳排放量之间的关系开展实证分析。这一系列操作通过定量分析与模型运用，深入挖掘青海省碳排放背后的影响机制与内在关联，为精准把握问题本质奠定基础。

再次，借助灰色理论及相关模型，对青海省在不同情景下碳减排、生态碳汇、人口数量、产业结构等影响因素的变化趋势进行预测，从而挖掘出青海省在碳排放方面的潜力。这一步骤着眼于未来的发展趋势，为制定前瞻性策略提供了重要参考。

最后，基于前面的研究成果，针对青海省发展低碳经济的模式以及具体实施措施提出切实可行的建议。通过这一环节，将研究成果转化为具有实际应用价值的方案，为青海省实现低碳发展目标提供有力的实践指导。

1.5 研究技术路线

本书的研究技术路线如图 1-1 所示。

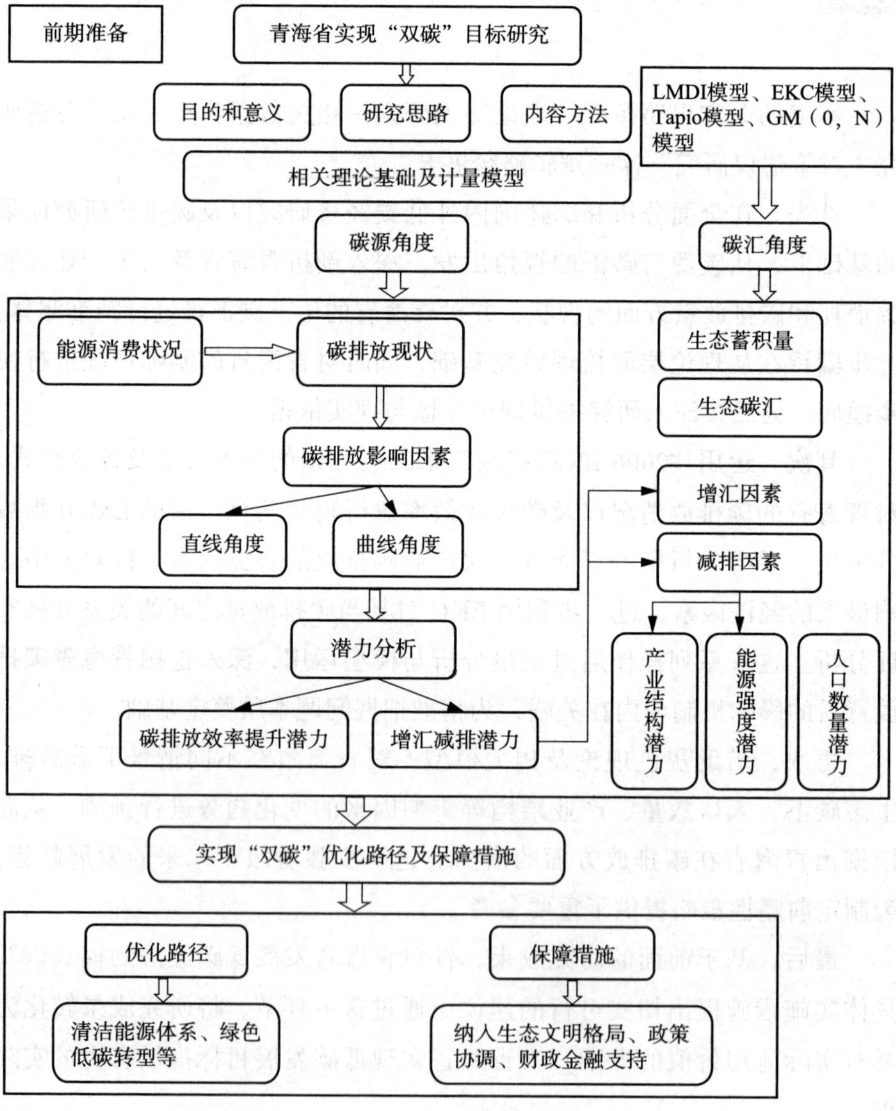

图 1-1　研究技术路线

1.6 研究的创新点

党中央、国务院高度重视碳减排工作，我国目前正处于经济发展与实现碳减排、碳达峰的关键阶段。尽管学者们在低碳经济和碳排放的理论研究方面成果丰硕，但针对青海省碳减排相关问题的研究极为匮乏。本书以青海省为研究对象，从碳源和碳汇两个维度，对其碳排放趋势、效率，生态碳汇等驱动因素展开分析，并对未来碳减排发展态势进行预测。本书具有以下创新点。

1.6.1 拓展我国碳排放研究的省级区域范围

过往研究大多侧重我国全域或局部重点区域的碳排放问题，对青海省全域的关注度较低。本书以青海省为具体案例，系统地研究其碳排放问题，填补了该领域在此方面研究的空白，为后续的相关研究提供了极具价值的参考范例。

1.6.2 创新性地从碳源和碳汇双重角度探究碳减排潜力

本书不仅从降低碳源的视角深入分析了能源强度、产业结构、人口等驱动因素的影响，还从碳汇角度研究了生态碳汇对碳减排的贡献。这种研究方式有助于提升对青海省生态碳汇作用的重视程度，并为制定相关政策措施提供了科学依据。

1.6.3 首次从三次产业角度研究青海省碳排放问题

以往研究多聚焦于某一行业或区域，从三次产业角度研究某一省份碳排放问题的文献较少。本书创新性地从第一产业、第二产业、第三产业的角度，对青海省的碳排放和碳排放效率进行分析，揭示了碳排放总量与三次产业之间的关联性，避免了对策建议的宽泛性，为后续的政策制定提供了有力支撑。

1.6.4 首次从三次产业角度揭示青海省碳达峰状态

以往研究多关注建筑业、交通业、电力等行业的碳达峰问题，针对省级行政区域的研究较少，且尚未涉及青海省及三次产业的碳达峰问题。本书从三次产业角度研究发现，青海省三次产业的环境库兹涅茨曲线均呈现倒“U”形关系，且存在拐点，这表明青海省三次产业已实现碳达峰。这一结论有助于全面认识青海省及三次产业碳达峰的状态与特点，并分析不同产业在其中的贡献差异。

2 理论溯源与研究综述

2.1 概念界定与基础理论

2.1.1 概念界定

（1）温室气体

温室气体是指任何能够吸收和释放红外线辐射的大气气体物质。在分析地球大气构成成分时，关键在于研究温室气体的主要成分，这些成分包括二氧化碳（CO_2）、臭氧（O_3）、氧化亚氮（N_2O）、甲烷（CH_4）、氢氟碳化物（HFCs）、全氟化物（PFCs）、六氟化硫（SF_6）等。其中，水蒸气和臭氧的时空分布不均衡，在制定减排措施时，通常不将这两种气体纳入考量范围。

1997 年，《京都议定书》在《联合国气候变化框架公约》第三次缔约方大会上获得通过。该议定书重点聚焦 6 种温室气体的减排问题，分别为二氧化碳、甲烷、氧化亚氮、氢氟碳化物、全氟化物和六氟化硫。在这些温室气体中，二氧化碳的含量和对温室效应的贡献均居首位，占比超过 1/4。温室气体之所以会导致温室效应，其根本原因在于它们具有吸收红外线的能力，而这一特性与温室气体的分子结构密切相关。

温室气体分子主要分为极性分子和非极性分子，其红外活性由分子的偶极矩（μ）决定。当分子振动时，如果偶极矩发生变化（$\Delta\mu \neq 0$），就会产生可观测的红外吸收光谱，这类分子被称为红外活性分子；反之，如果偶极矩不变（$\Delta\mu=0$），分子振动则不会吸收红外线，属于非红外活性物质。实际上，温室气体大多是含有偶极矩的红外活性分子，能够吸收红外线，进而具备储存红外热能的能力。

（2）全球气候变暖

全球气候变暖是指全球平均气温持续上升的现象。在过去约 100 年间，全球平均气温经历了"冷—暖—冷—暖"的循环波动，但总体呈现上升趋势。进入 20 世纪 80 年代后，全球气温上升速度显著加快。例如，1980—1990 年，全球平均气温较 100 年前升高了 0.48℃。

全球变暖的主要原因是 21 世纪以来人类大量使用矿物燃料，这使大量二氧化碳等温室气体排放到大气中。值得注意的是，温室气体对太阳辐射的可见光具有很强的透过性，同时能够强烈吸收地球反射的长波辐射，进而引发"温室效应"，导致全球升温。

全球升温会带来多方面的后果：它直接影响全球降水分布，加速冰川和冻土的融化，并致使海平面上升。这些变化不仅会对自然生态系统造成严重危害，还会对食物供应和人类居住环境的适宜性产生重大影响。

（3）碳达峰和碳中和

碳达峰是指在某一特定时刻，二氧化碳排放量停止增长，或达到峰值后开始下降。碳中和是指在某一特定时刻，通过植树造林、节能减排等措施，抵消人类活动产生的二氧化碳排放，实现对大气的"净零排放"。

碳达峰是实现碳中和的基础与前提，二者相辅相成。碳排放峰值越低，实现碳中和的空间和灵活性越大，难度也就越小。我国已宣布力争在 2030 年前实现碳达峰，努力在 2060 年前实现碳中和。这意味着，作为世界上最大的发展中国家，我国将完成全球最高的碳排放强度降幅，并在最短时间内从碳达峰迈向碳中和。

党的十九大提出了"两个一百年"奋斗目标：到 2035 年基本实现社会主义现代化，到 21 世纪中叶把我国建成富强、民主、文明、和谐、美丽的社会主义现代化强国。这一目标将现代化进程划分为两个阶段。生态文明建设的成效直接关系到“两个一百年”奋斗目标的实现，是中华民族发展的基石，也是建设美丽中国的重要基础。

2018 年 5 月 18—19 日，习近平总书记在全国生态环境保护大会上强调，要通过加快构建生态文明体系，确保到 2035 年生态环境质量实现根本性好转，基本实现美丽中国目标；到 21 世纪中叶，物质文明、政治文明、精神文明、社会文明和生态文明全面提升，形成绿色生产生活方式，实现人与自然和谐共生，建成美丽中国。

实现碳达峰碳中和目标相互关联，属于同一目标的不同阶段。第一阶段，2030 年前实现碳达峰，与 2035 年我国现代化建设第一阶段目标相契合，届时我国将基本建成现代化强国。第二阶段，2060 年前实现碳中和，确保《巴黎协定》中将全球平均温升控制在工业革命前 2℃以内，最理想的状态是控制在 1.5℃以内。这一目标与我国 21 世纪中叶的建设目标一致，是建成现代化强国的重要内容。

可以说，碳达峰是近期目标，碳中和是长期目标，二者紧密相连。尽早实现碳达峰，切实降低峰值，能够为后续实现碳中和目标创造更大的空间和灵活性。若碳达峰时间推迟、峰值过高，后续实现碳中和的挑战和压力将显著增大。因此，有必要制定更为完善的碳达峰政策，争取提前实现碳中和目标。在现有技术和政策体系下，仅维持现状肯定无法达成目标，必须具备危机感，才能推动经济社会体系的深度转型。

（4）碳源与碳汇

碳源是指向大气中释放碳的过程、活动或机制；碳汇是指通过各类措施减少大气中二氧化碳存量，降低温室气体在大气中占比的过程。在温室气体研究领域，碳源与碳汇是相互对立的概念。

碳源可定义为“一个向其他碳储库提供碳，自身储量随时间减少的碳储库”，或者“有机碳释放量超过吸收量的系统或区域，如毁林、化石燃料燃烧等情况”。具体来说，某些自然过程向大气释放的碳多于其吸收的碳。例如，任何使用化石燃料的过程（如燃烧煤炭发电）都会向大气大量释放碳，饲养牲畜同样会释放大量温室气体。这些向大气释放碳的过程，都被称作碳源。

与碳源相对，碳汇主要涵盖植物、海洋和土壤等，它们是最大的碳汇。举例而言，世界森林每年吸收 26 亿吨二氧化碳；地球土壤每年约吸收 1/4 的人为碳排放；自工业革命以来，海洋吸收了约 1/4 释放到大气中的二氧化碳。森林是陆地生态系统中最大的碳库。尽管草地和湿地中的植物也能通过光合作用固碳减排，但相较于森林碳汇，其占比相对较小。

（5）森林碳汇碳源

森林碳汇是指森林吸收并储存碳的能力。在人类生产生活等活动产生后，当具备大气、森林植被、阳光等光合作用条件时，森林植物通过光合作用吸收大气中的二氧化碳，并向空气中释放氧气。被森林植物吸收的碳元素会留存于体内或传递至其他物质中再次固定下来。森林碳汇对气候变化具有减缓作用。

森林植被与森林土壤是陆地中最为主要的碳库。森林吸收和储存温室气体的能力，作为一种经济高效且切实可行的碳减排方式，在降低碳排放方面发挥着不可替代的作用。《巴黎协定》倡议世界各国通过植树造林来增加碳汇。然而，由于森林资源具有有限性，且森林生长较为缓慢，森林总体上属于稀缺产品。依据市场经济理论，稀缺资源的价值会提升。因此，国际社会将森林碳汇价值化，作为应对气候变化的重要手段与策略，通过碳汇市场交易来体现其生态价值。例如，当企业碳排放超标时，可购买森林碳汇指标，以抵消超额排放的部分，同时给予造林者和森林所有者一定的费用，补偿其造林劳动的付出与造林资本的投入。目前，碳汇交易机制主要包含清洁发展机制（CDM）和中国核证自愿减排量（CCER）机制等。

森林碳增汇是指因森林蓄积量增长和林地面积扩大带来的森林吸收能力的提升。森林碳汇量在一定限度内是固定的，并非无限扩大，它与林地面积扩大及森林蓄积增长速度紧密相关。

森林碳源是指尽管森林通过光合作用将部分碳元素固定在自身，但当森林受人为或自然外力（如火灾）等因素影响而燃烧时，其中的碳会被释放出来。由此可见，森林兼具碳汇与碳源的双重属性。

（6）碳排放的相关概念

碳排放是温室气体排放的统称，鉴于甲烷等其他温室气体含量相对较低，碳排放通常特指二氧化碳气体的排放。碳元素能够通过化学或物理方法，以气体形式释放到大气中。例如，煤炭、石油等化石能源燃烧后会释放二氧化碳，这一过程即为碳排放。碳排放的种类繁多，化石能源消费是推动碳排放增长的主要因素，农业碳排放也是温室气体的重要来源之一。秸秆燃烧会产生大量碳排放，畜牧家禽养殖过程中，动物呼吸和肠胃发酵同样会产生温室气体。本书主要聚焦于化石能源消费所产生的碳排放。

碳排放强度是指获取单位 GDP 所产生的碳排放量，学者们借助这一指标衡量经济发展过程中的能源利用效率。当排放量固定时，单位 GDP 越高，能源利用效率越高；反之，单位 GDP 越低，能源利用效率越低，碳减排成果也就不尽如人意。需要注意的是，碳排放强度的高低并不等同于碳排放效率的高低。在经济学领域，效率本质上是投入与产出比例是否合理、有效的问题。碳排放效率不仅涉及经济学范畴，还关乎环境学领域，主要指资本、劳动力、能源投入后，期望的经济效益与非期望的碳排放之间比例的合理性问题。在经济效益一定的情况下，非期望产出的碳排放量越小，碳排放效率越高，对环境的影响程度也就越小。因此，提高碳排放效率是实现碳减排的重要途径之一。

（7）碳减排潜力

潜力通常指事物或人潜在的、尚未发挥出来的能力，是对事物发展趋势的一种分析判断。碳减排潜力主要通过分析影响碳排放的外部环境因素和内部因素的发展趋势，来判断碳排放是否具备减少的可能性。通过采取措施抑制碳排放增长因素，促进碳排放减少因素的发展，最终将减排的潜在能力转化为实际能力。碳减排潜力是在维持经济增长的前提下，挖掘碳排放减少的潜在能力。经济增长是发展权，是人类最基本的权利。

对于经济增长的碳减排潜力研究，可采用数据包络分析方法（DEA）。该方法以经济产出为产出变量，以碳排放等为投入变量，测算碳排放效率值。碳排放效率与生产前沿面之间的差距，即意味着碳减排潜力。具体可从技术效率和规模效率两个方面进行判断：若技术效率与前沿面差距较大，可通过创新碳捕集及封存等技术挖掘碳排放潜力；若规模效率与前沿面差距较大，则可通过扩大投入规模挖掘碳排放潜力。此外，碳减排潜力更重要的作用在于对未来碳排放减少的预测。鉴于未来发展的不确定性，可通过设定基准情景、低碳情景、高碳情景等情景分析方法，分析影响碳减排相关因素的发展趋势，从而判断碳减排潜力。

2.1.2 理论溯源

在习近平新时代发展理念的指引下，实现“双碳”目标的战略进程亟须系统思维的全方位指导。习近平总书记高度关注我国尽早达成“双碳”目标，并提出了一系列重要要求，这些要求无疑成为我国减排行动的关键指南。坚持绿色、低碳、循环与可持续发展，不仅构成了我国“双碳”目标的核心内涵，更是对“绿水青山就是金山银山”理念的深度阐释，为推动我国社会经济发展搭建起坚实的桥梁。

（1）思想基础

习近平总书记提出的“双碳”目标战略，是至关重要的行动指南，也是对马克思主义生态观的创新性发展。该战略深刻揭示资本主义私有制乃是造成生态危机的本质根源，明确指出保护生态资源等同于保护生产力，持续优化生态环境就是不断提升生产力。这种可持续优化的发展观，不仅是马克思主义生态观在当代的最新呈现，更是全新的发展理念与发展形态。

习近平总书记提出的“双碳”目标战略，在致力于控制碳排放总量的同时，全力确保经济社会的可持续发展。这一战略深度涉及经济、生态与社会三个方面的综合性调整，清晰表明了人类发展必须兼顾经济问题、重视生态环境、追求社会公平。我国的“双碳”目标战略，为未来发展观勾勒出了具象化的路线图，精准诠释了经济社会可持续发展的本质要素，并将气候干预治理与发展等因素有机融入其中，成功构建起经济社会发展的综合性战略。

（2）顶层设计

党的十八大以来，习近平总书记围绕系统观念发表的一系列重要论述，为我国发展指明了方向。充分发挥系统观念的强大效能，构成了我国“十四五”经济社会发展的总体框架。我们务必坚持完整、准确、全面地贯彻新发展理念，深入学习并积极推行系统观念，精心筹划实施应对“两个大局”的工作方案，坚定不移地坚持“五位一体”总体布局与“四个全面”战略布局，靠前指挥，提前谋划全局，制定具有战略性的目标，统筹推进各项工作。

必须深刻认识到，新发展理念是一个系统的理论体系，它明确了我国经济社会发展的目标、动力、方式与路径，提出并解决了一系列理论与实践问题。“双碳”目标战略彰显了我国在全球气候治理中的积极姿态：以气候价值为导向，坚定不移地走绿色、低碳、循环与可持续发展之路，同时坚定地推进碳减排，精准落实新发展理念。

早在 2010 年我国便启动了低碳城市试点工作，2012 年又相继推出低碳省份和碳排放权交易试点工作，并取得了显著成效。“双碳”目标战略的推进，必须从整体、全局与战略高度加以落实，着重抓好能源结构、产业结构和经济运行质量等关键领域的低碳减排试点工作。其推进方案具备明确的责任、条件与信心等硬性标准，碳排放总量目标明确，我国经济社会高质量发展的系统思维清晰可见。

（3）价值诉求

马克思主义生态观明确指出，人类经济社会的发展必须限定在自然资源和环境的承载能力范围之内。全球气候治理迫在眉睫，其基础稳固且坚实。各缔约国严格遵循国际公约的各项条款，各国依据标准要求自主履行减排任务。中国作为负责任的大国，提出了“双碳”目标战略，旨在经济社会发展过程中实现实体气候正义与程序气候正义的价值追求。

这一战略的首要意义在于体现了时代价值，确保经济社会发展的整体公平，其中包含两个至关重要的要素：“需要”与“受限的需要”。当代经济发展绝不容许剥夺后代人应享有的环境权利，环境资源的消耗必须控制在合理限度之内。这种必要的限制体现在经济社会发展过程中生态危机的临界线以内，必须在预定时间内摒弃“褐色经济”，逐步向“绿色经济”转型。

对于每个国家而言，责任担当需区别对待。先期发展中国家理应承担历史碳排放责任。在过去追求高质量与可持续发展的进程中，尽管我国并未被赋予强制减排责任，但依然制定了“双碳”目标战略，充分彰显了我国在全球气候治理中的正义诉求。从根本层面分析，气候治理需要各国共同承担责任，其核心目的在于帮助小岛屿国家和一些受气候变化影响严重的国家抵御气候灾难。

《巴黎协定》的签署标志着由道德责任向法律责任的成功转变。低碳经济已成为全球共识，当然，在区别责任的框架下仍存在一定的灵活空间。自我国制定“双碳”目标战略以来，在气候治理领域展现出大国风范，为相关气候变化合作奠定了坚实的基础。

（4）国际视野

习近平总书记提出的构建人类命运共同体思想，为全球生态、国际和平、全球治理以及构建全球公平正义的新秩序贡献了中国智慧与中国方案。党的十九大报告将“坚持推动构建人类命运共同体”纳入习近平新时代中国特色社会主义思想的重要内容。当前，我国正积极推动构建人类命运共同体，这是中国共产党为人类发展作出贡献的重要纲领。

我国实施“双碳”目标战略，为全球气候治理、绿色经济发展以及构建人类命运共同体作出了卓著贡献。中国在国际碳市场中发挥着重要的引领作用，推动全球绿色经济体系健康发展，并积极投身国际应对气候变化的“南南合作”。

在全球气候治理进程中，国际环境瞬息万变，中国坚定支持《〈蒙特利尔议定书〉基加利修正案》，严格管控氢氟碳化物等温室气体排放。与气候变化做斗争是全人类的共同使命，绝不能将其沦为地缘政治的牺牲品或贸易壁垒的借口。我们必须坚持实事求是的原则，既要共同应对挑战，又要区分责任大小，全面落实《巴黎协定》，巩固气候变化“南南合作”成果。这再次印证，构建人类命运共同体是中国作为负责任大国的重要贡献。

2.1.3 学术理论

（1）碳锁定与碳解锁理论

Unruh（1999）是首位将“碳锁定”概念公之于众的学者。他指出，当代工业经济的技术与制度高度依赖化石能源，这种紧密结合是工业经济发展过程中产生高碳排放的根源所在，进而极大地削弱了市场机制与产业政策推动低碳减排的效力，这便是碳锁定的核心要义。

碳锁定的根源在于由“技术—制度复合体”（Techno-Institutional Complex，TIC）而引发的TIC锁定问题。TIC是指那些与高碳排放紧密关联的核心技术，它们已深度融入企业与行业，形成了稳固且难以改变的技术体系。技术与制度的这种结合，进一步强化了碳锁定的态势。

Unruh（1999）还强调，国家政策制度、学科教育以及学术发展在一定程度上显著增强了技术、制度、市场及其他相关要素的融合力度，其强度远超正常范围。这种高强度的整合使高碳技术系统的核心内容越发稳固，从而进一步加剧了碳锁定现象。

与“碳锁定”相对的是“碳解锁”，它旨在彻底打破碳锁定的固化局面。Unruh（2000）在后续研究中发现，TIC 对碳解锁进程构成严重阻碍，实现碳解锁的前提是技术与制度发生根本性变革，只有当条件成熟时，碳解锁才有可能成功。

实现碳解锁主要有三条途径：其一，在保持现有技术与系统不变的前提下，对废气排放端进行全面改进，使其达到环保标准，即末端管制（EOP）模式；其二，在现有技术与系统稳定运行的基础上，对个别技术流程进行创新；其三，完全摒弃现有的高碳技术系统，转向全新的技术系统创新。后两条途径均要求摆脱当前的高碳技术束缚，大力发展可再生能源与新型电力发电系统，以实现低碳转型。

然而，单纯的技术锁定会削弱碳解锁的力度，其强度比 TIC 锁定要弱得多。而且，碳解锁技术对社会与环境影响较大，导致其实际应用面临诸多困难。所以，碳解锁必须包含可持续性要素，从技术系统自身存在的问题入手，探寻企业在可持续发展环境下的发展路径。实际上，不同企业在可持续发展能力上存在显著差异，部分企业能够以较低成本达成可持续发展，而另一些企业则面临较大困难。总体而言，需要等待碳解锁的时机与条件成熟，即所有企业都真正落实低碳减排措施。

因此，我们面临两种选择：一是选择 EOP 模式或可持续发展道路；二是选择不可持续发展道路。国家顶层决策者必须具备前瞻性的眼光以及高效把控经济发展的能力，审时度势，精准把握气候变迁等因素，作出科学合理的决策。

Unruh（2000）指出，科学技术的发展速度远快于治理机构的办事效率。因此，要突破技术创新面临的困境，就不能仅依靠科学技术本身，还需妥善解决与促进新技术推进方案发挥作用相关的组织、社会和制度创新问题。

Schot 和 Geels（2007）共同对生态环境干扰技术制度的情况给出了新的定义，其影响范畴拓展至社会技术制度领域。他们的观点表明，技术制度的核心在于技术本身。制定并推行具有普惠性的制度规则，不仅能稳定技术发展，还能对围绕技术建立的市场规则进行调整或改革。其结果是，技术制度的功能将全面覆盖企业、市场、政府等体系之外的范畴，进而构建起社会技术制度。

社会技术制度受市场影响，通过企业付费得以自动维持稳定，然而，这种技术制度并不代表最前沿的技术领域。构建顶级社会技术制度必须满足两个前提条件。其一，要研发出适用于生态环境与人类经济活动的顶级技术。与传统社会技术制度受自然选择的情况不同，新技术的获利群体呈现小众化态势。新技术利基制度将与传统社会技术制度长期并存。一旦新技术超越主流技术，当前局限于高碳技术制度的制度保障就会面临变革。创造低碳新技术以取代高碳技术是时代发展的必然趋势，必须设法终结高碳技术的延续，否则将持续对环境造成破坏，带来更大损失。因此，需要创造条件，对新社会技术制度与主流社会技术制度进行彻底变革，这必将有力推动碳解锁的实现。在此过程中，新社会技术制度的规模以及主流社会技术制度规则的稳固程度值得关注。其二，要彻底打破旧的社会技术制度，积极营造有利于新技术成长的条件。最关键的是，政府或企业等负责落实社会技术制度的主体，要充分认识当前技术远远无法满足生态环境改革的需求。政府的顶层决策是实现碳解锁的关键，政府可运用包括财政手段在内的多种措施，推动新社会技术制度的更新与发展。

（2）碳排放脱钩理论

在经济学研究中，“脱钩”成为探讨经济增长与物质消耗、环境污染关系的重要概念。经济合作与发展组织（OECD）在面对经济增长与环境污染问题时，提出摒弃高污染、高排放的经济增长政策，即脱钩，并构建基于“驱动力—压力—状态—影响—响应”（Driving-Pressure-State-Impact-Response，DPSIR）的指标框架，落实 OECD 指标。

脱钩分为相对脱钩和绝对脱钩。相对脱钩是指经济增长不受影响时，排放减少且能源消费增幅不超过经济增长；当环境污染和能源消费两项指标均下降时，此为绝对脱钩。Gupta 运用 OECD 指标分析了 OECD 成员国经济增长与环境污染关系的数据体系，发现经济增长受环境制约时，人口增长、能源、温室气体、二氧化碳、硫氧化物、氮氧化物、水资源等指标呈波动下降趋势，且环境指标弱于经济总体，这表明 OECD 指标标准体系脱钩后，经济可持续发展面临挑战。

除了上述 OECD 所提出的脱钩概念和指标体系，在研究经济增长与环境污染关系方面，还有一个重要的理论，即 EKC 理论。EKC 理论以人均经济贡献值为变量，环境污染为被解释变量，两者呈典型的“U”形曲线关系。然而，关于中国是否适用 EKC 理论，学界观点不一。有学者认为中国碳排放各地情况不同，EKC 呈反向“U”形，二氧化碳排放数值各具特色；也有学者认为中国的 EKC 呈“U”形或“N”形。这些不同观点的产生，源于中国复杂的地域差异、产业结构以及经济发展阶段等因素。环境政策、产业结构与技术优化的缺失严重阻碍了中国低碳经济的发展。EKC 理论在中国的适用性探讨，也为中国“双碳”目标的实现路径提供了参考。

OECD 指标在评价经济增长与碳减排方面精准度不足，而 Tapio 则整合了脱钩和 EKC 的关系，重新定义脱钩。不同国家的 EKC 呈现不同态势，经济增长与二氧化碳排放量在 EKC 评价中存在由倒“U”形向“N”形的转化。Tapio 将脱钩划分为耦合、脱钩和负脱钩。经济与碳排放若处于耦合状态，增值上升为发展型耦合，相反则为缩减型耦合；脱钩时，经济递增、碳排放缩减为彻底脱钩，两者均递增为弱脱钩，相反则为隐性脱钩；负脱钩时，经济下滑而碳排放递增为强负脱钩，两者均递增为扩张性负脱钩，相反则为弱负脱钩。Wang 和 Su（2018）借助 Tapio 脱钩模型研究发现，发达国家因经济发展形势稳定、能源强度减弱，脱钩情况从弱变强；而发展中国家由于经济处于上升期，能源强度递增，尚未呈现脱钩结果。Sheng（2021）在 Tapio 脱钩模型基础上创建动态数据包络分析（Data Envelopment Analysis，DEA）模型，研究经济效率与二氧化碳减排。研究结果表明，中国并非真正的集约型经济，虽然节能减排有一定成效，但受低程度集约型经济影响，经济增长仍依赖化石能源的高消耗。资本投入高但获利低，技术与效率对经济增长的带动作用有限，目前中国呈现强负脱钩状态。

当前，我国经济增长及环境污染的脱钩状况与理想目标差距较大。碳锁定和碳解锁理论在技术制度界定上较为宏观与模糊。虽然明确了碳锁定的关键在于经济发展依赖高二氧化碳排放的化石能源，但碳解锁方面的研究成果依然匮乏，仅提供了温室气体减排政策强化的方向。“双碳”目标虽制定了宏观路线图，但OECD指标和Tapio脱钩模型缺乏可靠的数据支撑，政策制定受多种不确定因素干扰。因此，未来需研究微观且可行的脱钩数据模型，以深入剖析经济与二氧化碳排放的本质特征。

（3）碳源、碳汇与碳中和理论

碳源、碳汇与二氧化碳之间存在紧密联系。碳源是指向大气中释放二氧化碳的过程、活动或机制。例如，工业生产中化石燃料的燃烧、汽车尾气的排放等，都是典型的碳源活动。而碳汇则是吸收并存储大气中二氧化碳的过程、活动或机制，如森林生态系统通过光合作用吸收二氧化碳，将碳固定在木材和土壤中，就是重要的碳汇。土壤具有特殊属性，既可以充当碳源，也能成为碳汇。当土壤中的有机物分解时，会向大气释放二氧化碳，成为碳源；而植树造林则是提升土壤碳汇储存量的重要举措，树木根系的生长和枯枝落叶的积累，能够显著增强土壤的固碳能力。碳源与碳汇共同构成了碳循环的核心部分，生动反映出自然界中碳的动态平衡状态。

需要明确的是，碳达峰碳中和所涉及的二氧化碳排放与人类生存环境息息相关。目前，全球每年的二氧化碳排放量达到了数十亿吨，并且在过去几十年呈现出快速增长的趋势。例如，部分发达国家已经实现了碳达峰，其排放量在经历了工业化阶段的快速增长后，随着产业结构调整和能源转型，开始逐步降低。碳中和则是在特定时间范围内，通过植树造林、节能减排、碳捕集与封存等技术手段，将人类活动产生的二氧化碳排放予以抵消，从而实现净零排放。

碳中和的达成不仅是对碳排放的优化与调整，更是对自然生态系统的一次深度修复与保护。相较于碳源和碳汇，碳中和在推动经济发展由高碳模式向低碳模式转型的进程中，发挥着无可替代的关键作用，是践行绿色发展理念的重要路径。然而，单纯依靠自然生态系统的碳汇能力难以实现碳中和目标。全球变暖趋势不断加剧的现实表明，仅依赖自然生态系统吸收二氧化碳的效果相当有限。目前，国际上已建立一些应对气候变化的合作机制，如《巴黎协定》，各国共同承诺减少温室气体排放。但要实现碳中和，还需要进一步构建国际性的“绿色共识”大联盟，加强在技术研发、政策协调、资金支持等方面的合作，全力推动全球绿色发展，这是使碳中和产生预期效应的基本要求。

（4）碳达峰碳中和情景预测与经济社会影响理论

情景预测是碳达峰碳中和研究的重要前提。在进行相关研究时，需考量各种影响因素，通过对问题的区分，开展各类情景预测研究工作，并对影响因素展开必要分析。

在二氧化碳排放情景预测中，选用合适的研究模型至关重要。例如，可采用 STIRPAT 模型开展研究，也可运用经济—能源—环境一般均衡模型（CGE 模型）等方法进行更为深入的探究。段福梅（2018）运用粒子群优化算法与 BP 神经网络融合的优化分析方法，对二氧化碳碳达峰值展开研究。在研究过程中，充分考虑人口基数、能源状况、技术能力以及城市化发展等因素，最终得出两种预测结果，并提出一系列节能低碳情景。通过对不同情景条件的比较分析发现，基于当前的发展模式，我国要在 2050 年实现碳达峰目标存在较大困难；即使技术研发保持高位状态，2030 年也难以达到理想水平。在当前阶段，依靠人均 GDP 缓速稳定增长，同时大力研发新能源技术并优化结构以实现节能减排，或许是比较理想的碳达峰实现途径。

陈占明等（2018）利用 CO_2 数据库各层级数据展开研究，拓展了 STIRPAT 模型的功能，并进行了实证分析。研究结果显示，对于大型城市而言，控制人口规模是实现碳减排的首要任务；而对于非大型城市而言，开展技术创新和优化产业结构则更为关键，这表明城市人口规模是影响碳达峰实现的关键因素之一。李佛关等（2019）采用LMDI模型，分析能源构成因素与城市人口规模的碳减排路径，指出即便经济状况良好，也可能出现碳排放不均衡的现象，唯有开展技术创新才是实现节能减排的首选策略。王勇等（2019）以东北地区交通运输为研究对象，运用GDIM模型进行低碳情景下的碳达峰预测研究，发现在低碳节能和能源技术缺失的情况下，我国交通运输行业在2030年只能部分实现碳达峰。此外，国家信息中心通过CGE模型研究得出结论：2025年我国仅能在局部地区实现碳达峰，且峰值可能会带来一定的损失。

综合上述研究成果，众多学者立足不同视角，凭借多样模型对碳达峰碳中和展开研究。这些成果涵盖不同地域、行业以及各类影响要素，为全面理解碳达峰碳中和的实现路径和经济社会影响提供了丰富的理论与实践依据。研究同时表明，实现“双碳”目标面临诸多挑战，需要综合考虑人口结构、技术创新、能源体系、产业形态等多方面因素，更需通过多维度的策略协同推进。研究还一致表明，在碳达峰窗口期加大节能减排力度能大幅降低碳达峰绝对值，有效减轻后期碳中和所带来的环境压力。

2.2 实现“双碳”目标的科学内涵

2.2.1 “双碳”目标的重大意义

习近平主席在第75届联合国大会一般性辩论上发表重要讲话，郑重宣布中国将提高国家自主贡献力度，采取更加有力的政策和措施，力争在2030年前实现二氧化碳排放达到峰值，并努力争取在2060年前实现碳中和。这一重大宣示不仅彰显了中国作为负责任大国的担当，也为全球气候治理注入了强大动力。

围绕上述目标，党中央在党的十九届五中全会、中央经济工作会议以及全国两会等重要会议上，对碳达峰碳中和进行了科学部署。比如，在产业政策上，大力推动传统高耗能产业的绿色化改造，鼓励发展新能源、节能环保等战略性新兴产业；在能源结构调整方面，加快推进风电、太阳能发电等清洁能源的大规模开发利用，逐步降低煤炭等化石能源的消费比重；在科技创新领域，加大对碳捕集与封存（CCS）、绿色氢能等关键低碳技术的研发投入。这些举措明确了基本思路，为实现“双碳”目标奠定了坚实的基础。碳达峰碳中和是党中央经过深思熟虑作出的重大战略决策，是贯彻新发展理念、构建新发展格局、推动高质量发展的内在要求。只有将碳达峰碳中和纳入我国生态文明建设的整体规划，才能推动国民经济在社会绿色转型和全面创新发展进程中大踏步前进。

（1）实现“双碳”目标是高质量发展的内在要求

“十四五”时期是我国全面建设社会主义现代化国家新征程的起点，高质量发展成为我国经济中长期发展的主线。我国明确“3060 目标”，为经济社会发展绿色转型规划了宏伟蓝图，也为应对全球气候变化贡献了关键力量。党的二十大报告指出，要积极稳妥推进碳达峰碳中和，这是一场广泛而深刻的经济社会系统性变革。

2020 年，我国是世界主要经济体中唯一取得经济正增长的国家，承担着世界经济“绿色复苏”的重任。2015 年，中方签署《巴黎协定》，全世界携手应对气候变化达成共识。该协定明确要求各国在 2020 年公布自主贡献目标，21 世纪中叶是长期温室气体低排放发展战略的起点。在“后新冠疫情”时代，“绿色经济复苏”战略获得全世界支持。中国的“3060 目标”向其他国家发出了明确信号，为全球应对气候变化和绿色复苏注入新活力。

从发展进程来看，碳达峰碳中和是二氧化碳排放量从高到低、从快到慢的发展过程。当二氧化碳排放量达到年增长率为零时，迎来了拐点并下滑；当二氧化碳排放量降至与碳自动吸收量相等时，达到碳中和状态。这一过程反映了经济增长与二氧化碳排放从理论脱钩到实际完全脱钩的全过程。此时，中国绿色发展态势将达到新高度，未来数十年，中国社会经济发展将继续平稳推进。当前和未来几年，我国将努力探索可持续、包容性强、韧性足的绿色低碳经济发展模式。

要实现“3060目标”，我国必须建立绿色低碳循环的经济发展体系，追求清洁、低碳、高效、安全的能源生产和消费体系。我国在经济基础、思想意识和技术发展等领域，都具备在2030年前实现碳排放达峰的主客观条件。截至2019年底，我国碳排放强度较2005年下降了近49%，非化石能源消费占比接近16%，提前兑现了哥本哈根气候变化大会的承诺。“十四五”期间，我国重点推进绿色转型，规定国内生产总值能耗和二氧化碳总排放量分别下降约14%和19%，目标是提前实现碳达峰，为碳中和奠定物质基础。

（2）实现“双碳”目标是实施绿色低碳行动的路线图

“双碳”目标的实现是一个庞大而复杂的系统工程，涉及能源、工业、交通、建筑等多个领域，也涵盖生产、消费、基础设施建设和社会福利等民生领域。必须将碳达峰碳中和纳入生态文明建设的整体布局，精心制定科学的整体推进工作框架，优化资源节约型和环境友好型产业结构、生产生活模式和整体格局。中国必须选择生态优先、绿色低碳的发展道路，推动经济社会发展全面绿色转型。

基于新的历史条件，中国政府已制定并向全球公布2030年前碳达峰的工作框架和执行方案，彰显了中国落实低碳转型和履行国际承诺的坚定决心。这一框架不仅为2060年前实现碳中和目标奠定了基础，也为全球减少碳排放贡献了中国力量。碳达峰碳中和的工作框架和推进路线图需落实“自上而下”的政策引导和“自下而上”的深度改革转型，各级地方政府和重点行业需对照国家总体框架制定各自的碳达峰时间表和工作框架。目前，不少省份、行业和企业已公布各自的碳达峰碳中和时间表，部分地方政府希望在全国率先实现碳达峰。

中国低碳工作方案正稳步由碳强度调控向碳总量调控转变，为碳中和目标的实现奠定坚实的基础。生态环境部将碳排放达峰纳入中央生态环境保护督察，充分表明中国推动碳减排的坚定意志。2024 年《政府工作报告》进一步明确了“十四五”期间单位 GDP 能耗和碳排放下降的目标及年度分解目标，为碳减排工作提供了清晰的量化指引。

碳达峰不仅需要碳生产率的年提升率超过 GDP 年增长率，还需单位能耗二氧化碳强度年下降率超过能源消费年增长率。在顶层设计的基础上，优化产业结构和能源结构是碳达峰碳中和的工作重点，以能源脱碳为主线推动工业、建筑、交通等行业的去碳化。新增能源消费应主要由非化石能源满足，同时确保国家能源安全，对化石能源进行总量调控。

经过长期的节能减排政策引导，中国已基本扭转了二氧化碳排放快速增长的局面，但仍面临单位 GDP 能源强度和二氧化碳排放强度下降难度加大、煤炭消费时有反弹的挑战。“双碳”目标的实现是一场硬仗，考验着中国共产党治国理政的能力。为避免碳达峰对经济增速的显著影响，必须制定科学、合理、可行的行动方案，同时考虑中国不同领域的技术能力、经济水平和资源状况。

在中国碳达峰碳中和的总体框架下，区域协同是关键。东、中、西部地区需深度融合各要素禀赋，通过整合区域协作和产业重构，实现区域协同发展。例如，通过产业转移、共建产业园区等方式，优化资源配置，推动产业结构低碳转型。

（3）紧紧围绕“双碳”目标创造绿色低碳发展制度、市场和政策环境

将碳达峰碳中和纳入生态文明建设整体布局，是党和国家基于全球发展趋势以及国内发展需求，审时度势作出的重大战略决策。这一决策，不仅是中华民族迈向高质量发展的关键契机，更是中国积极践行构建人类命运共同体理念的重要行动。自“十一五”规划以来，中国在应对气

候变化工作上稳步前行，持续推进节能减排、能源结构调整等举措，为如今实现碳达峰碳中和筑牢了坚实的根基。碳达峰碳中和目标的提出，宛如为中国的改革发展点亮了一盏明灯，不仅明确了前行方向，也将有力推动中国经济向绿色低碳的康庄大道加速转型，助力在既定时间内实现从高碳到低碳再到零碳排放的历史性跨越。

在工作思路层面，需统筹兼顾，妥善处理好经济与减排、整体与局部、短期与中长期的关系。尤其是在实际工作推进过程中，务必坚持全国“一盘棋”的思想，强化顶层设计，进一步完善相关制度，清晰界定各方责任，充分发挥政府“有形的手”和市场“无形的手”的双重作用，通过改革创新这一强大动力，稳步推进目标的落实。

步入“十四五”时期，生态文明建设被赋予了全新使命，肩负起推动经济社会向绿色发展模式转变的重任。在此关键时期，必须凝聚生态文明建设的各方力量，形成整体合力，建立起科学完善的激励机制。一方面，要在国家层面做好高瞻远瞩的顶层设计和战略规划，为绿色发展勾勒出宏伟蓝图；另一方面，要充分发挥各方联动机制，构建起完善的治理体系，运用科学的系统工具，营造出有利于绿色低碳转型的良好制度环境、政策环境和市场环境。2022 年 3 月 5 日的《政府工作报告》中明确提出，要扎实做好碳达峰碳中和的基础性工作，完善用能权和碳排放权交易机制，推动能源消费“双控”向碳排放总量和强度“双控”转变。这一举措为绿色低碳发展指明了具体的工作方向。

碳定价政策已逐渐成为全球众多国家激励减排的重要政策工具。以欧盟碳排放交易体系（EU ETS）为例，通过设定排放总量上限，并借助合理的定价机制，引导各企业、单位依据自身情况制定切实可行的减排方案，有效推动了区域内的碳减排工作。中国自 2011 年起，率先在 7 个省市开展碳排放权交易试点，经过多年的探索与实践，于 2021 年 7 月正式上线全球规模最大的全国碳排放权交易市场。截至 2024 年，全国碳市场持续优化完善，不断扩大覆盖范围，纳入更多行业和丰富交易品种。例如，钢铁、电力等重点行业的众多企业积极参与其中，通过碳排放权交易，企业在节能减排方面有了更强的经济动力。这一市场机制的不断完善，为实现“双碳”目标提供了坚实的市场支撑。

“双碳”目标的实现，需要多管齐下、多措并举。节能固然是关键的手段之一，但核心要义在于推动各经济部门和能源行业的全面脱碳。这一过程中面临诸多挑战，尤其是在一些常规减排技术难以实现深度减排的领域，更需要突破性技术的有力支撑。碳市场虽然能够通过价格机制激发企业参与技术研发和产业化的积极性，但要达成全面脱碳的目标，还需多种市场机制协同发力，形成强大的政策合力。

2.2.2 “双碳”目标的科学内涵

2030 年前碳达峰和 2060 年前碳中和是中国为应对气候变化、推动高质量发展而设定的两个重要目标。二者密切相关且呈递进关系，既互相依存，又互相促进，共同构成了中国实现绿色低碳转型的战略路径。

碳达峰是指在规定的时间内，二氧化碳排放总量达到最大值后进入平稳阶段，并逐步下降。碳达峰涵盖达峰路径、达峰时间和峰值三大要素。碳达峰是二氧化碳排放量由增转降的历史拐点，标志着碳排放与经济发展实现脱钩。所以，界定是否到达碳达峰，必须对经济体碳排放量的变化给予一定限制说明。

OECD 统计数据显示，截至 2023 年，全球实现碳达峰的国家数量已达 57 个，这些国家的碳排放量约占全球总排放量的 40%。依据各国经济发展的模式，碳达峰可分为 3 种类型。第一种是自然碳达峰型，如德国和俄罗斯，碳峰值在《联合国气候变化框架公约》实施前已达标，不受减排政策影响。还有部分东欧国家，由于经济负增长或经济增长显著放缓，导致碳排放量出现下降。第二种是经济不稳定型，如美国和日本，受经济转型和经济危机影响，碳排放量波动后达到峰值，但存在反弹风险。第三种是政策干扰型，如中国，通过国家层面的顶层设计和政策推动，提前实现碳达峰。

碳中和的理论基础是碳循环过程中的全球剩余碳预算，指特定时间和特定人类活动所产生的二氧化碳排放量与地球自动消除二氧化碳的量相等的情况。碳中和的概念也可称为净零排放，与零排放的含义不同。其主体不限定国家和地区，内容涉及行业、企业、社区乃至个人，关键在于经济活动整个生命周期及影响所涉及的净碳排放等于零。从实际情况来看，由于国际贸易存在碳排放转移等情况，若某国仅在其领土范围内实现净排放为零，而未考虑国际贸易中的碳排放，那么这与真正的碳中和并不相符。截至 2024 年，全球已有 151 个国家提出碳中和目标。这些国家的碳中和目标覆盖了全球超过 87% 的温室气体排放量。此外，全球有 655 个城市或地区也提出了碳中和目标。在这些国家中，有 120 个国家已通过法律或政策文件的形式确立了碳中和目标的法律地位，同时有 86 个国家提出了详细的碳中和路线图。这表明全球碳中和目标的设定和执行正在加速推进。

1950 年以来，化石能源成为碳排放的主要来源，并进入大气、海洋和陆地生物圈的碳循环系统。借助科学研究技术，结合自然碳循环现状和碳汇对气候的影响，量化未来剩余碳排放数值，从而为温控目标提供科学依据。

根据《巴黎协定》，1.5℃温控目标要求全球在 2030 年将人为二氧化碳净排放量较 2010 年减少 46% 以上，并在 2050 年实现碳中和。而 2℃温控目标则要求到 2030 年，全球二氧化碳排放量需低于 2010 年的 26%，并在 2070 年实现净零碳排放。

值得关注的是，各国自主贡献目标（NDC）对实现温控目标至关重要。如果选择 1.5℃为目标，2020—2030 年全球累计碳排放将消耗剩余碳预算的近 90%；若按 2℃目标计算，2020—2023 年可能消耗剩余碳预算的 40%。因此，全球解决气候变化的目标与《巴黎协定》的温控目标并不完全一致，各国的自主贡献承诺必须超过常规水平，才能确保目标的实现。

人口、经济水平、工业化、城镇化和能源结构都会对碳排放产生影响。Yoichi Kaya 提出的 Kaya 恒等式，通过数学分析方法，将人类活动产生的二氧化碳排放量与人口基数、人均 GDP、单位 GDP 能耗和单位能耗碳排放量 4 个因素联系起来。Kaya 恒等式表明，二氧化碳排放量的变化是人口变化、经济发展和能源消费结构共同作用的结果。

在推进碳达峰、碳中和的过程中，中国特别强调经济增长、物质积累和社会福利等因素的平衡，同时兼顾国家发展优势、能源安全以及全球政治经济格局的创新。这表明，中国在实现碳中和的过程中，不仅要考虑国内经济社会的可持续发展，还要在全球气候治理中发挥积极作用，推动构建公平合理、合作共赢的全球气候治理体系。

除以自然经济体为特征的经济体外，世界多数国家和地区正处于碳达峰之前和之后。碳达峰主要在发达经济体中完成，这为发展中国家和地区提供了其经济运行规律的参考，并督促其他国家和地区制定政策以实现碳达峰和碳中和。碳达峰碳中和的政策内涵主要体现在以下 4 个方面。

第一，经济发展可持续化。自然达峰型经济体普遍经历了先污染后治理的发展历程。通常情况下，碳达峰多在工业化、城镇化阶段，当人均 GDP 超过 2 万美元时实现达标。碳达峰是经济社会发展到特定阶段的一种现象，碳排放会依据强度、人均等情况，按照一定顺序先后达峰。能源消耗总量达峰大多发生在碳排放达峰之后。需要注意的是，工业化和城镇化是二氧化碳排放的主要原因。在处于收入中低阶段时，生产工业化促进碳排放持续增加，而城镇化与碳排放的关联在城市化中显得尤为明显。多数发达国家在碳达峰时，城市人口占比超过 51%。

从发展趋势预测，印度作为投资扩张型经济体，人口持续递增，其城乡基础设施建设将成为未来世界温室气体排放的主要来源，极有可能成为碳排放递增最快的国家。构建一种既能满足当代人需求，又不损伤后代人满足其自身需求能力的可持续发展模式，是发展中国家和地区制定碳达峰碳中和可行路径的必然选择。

以往先污染后治理的无序发展范式下的经济社会发展模式，秉持人造资本和自然资本能够互换的观念，却忽视了化石能源等自然资源、大气、生态以及环境承载力的局限性。自然生态和经济社会系统难以承受后发国家和地区粗糙的经济发展模式引发的资源环境治理问题。在环境—社会—经济融合的可持续发展方案中，实现碳达峰碳中和需要合理配置经济社会、能源和碳排放等资源。同时，必须确保自然资本量的稳定，构建合理的自然资本与人力资本结构，并在资本整合过程中避免零增长。

第二，能源系统多元化、低碳化、智能化。发达经济体主要通过减少煤炭等化石能源的使用总量、提高能源利用效率以及大力发展可再生能源等方式实现碳达峰，确保能源消费和二氧化碳排放全面达标并实现双下滑。例如，1990 年，德国通过立法大力开发可再生能源实现碳达峰；1972 年，英国在本土实现碳达峰，其减排主要集中在电力领域，“电力去煤”比例达到总量的 40%；2007 年，美国实现碳达峰，成功的关键在于提升能源效率以及优化能源结构，其完善的产业体系和坚实的资源基础也发挥了重要作用。

碳达峰碳中和与能源领域紧密相关。大力发展可再生能源，有助于摆脱经济发展、能源消费和二氧化碳排放之间的困境。我国能源结构长期以来偏重化石能源，能源消费距离达峰仍有一定差距。尽管我国拥有丰富的可再生能源资源，但受技术“瓶颈”和体制机制的制约，短期内难以大规模启用可再生能源。工业、建筑、交通等部门在生产和生活的各个环节都离不开能源电力，它们相互协同，构成了一个极为复杂且涉及面广泛的经济共同体。综合考虑能源安全、经济发展、气候、资源和环境等因素，我国应朝着能源多元化、低碳化和智能化的方向发展。

第三，产业结构高度化。在碳达峰时，发达经济体的第三产业效益远超第二产业，产业结构呈现科学化发展态势。此时，发达经济体的主导产业多为加工制造业和生产服务业，并重点发展第三产业。在第三产业中，劳动、技术和知识是重要的生产要素，其产品比重呈递增趋势。

1996 年，所有已实现碳达峰的发达国家第三产业 GDP 比重均超过 66%，其中美国等国家的这一比重已达 81%。以欧盟等成熟经济体为例，其人口总量已达峰值，服务业在经济体中占比超过 70%，碳排放主要源于生活品质提升和基础设施建设。

产业结构优化需充分发挥结构优势，通过合理配置资源来降低二氧化碳的排放总量。发达经济体实现碳达峰，部分原因在于将高耗能和高排放产业转移到其他国家与地区。然而，在气候变化的大背景下，单纯的产业转移并不能真正减少全球碳排放，只是改变了碳排放的区域分布。在全球碳排放严格约束的形势下，产业结构优化需在全球价值链嵌入、分工和重构的基础上进行，充分考虑安全性、稳定性和韧性，寻求最优发展路径。应通过提高产品附加值，推动产业向更合理、更高效的方向发展，同时提升技术水平和加工深度，促使产业向高端化、集约化升级。

第四，技术创新应用规模化。在工业化进程中，能源和产业结构优化与经济发展、技术创新及应用部署紧密相连。能源、工业、建筑、交通和消费等领域的技术受发达经济体的高度重视，是实现碳中和目标的关键环节。技术创新具有正外部性，个别技术的创新和应用能够有力推动人类社会的全面进步。例如，美国等技术外向型经济体凭借强大的创新能力，利用先进的低碳技术，切实化解经济扩张、人口增长与碳排放之间的矛盾，为技术创新应用的规模化发展提供了范例。

实现“双碳”目标的关键在于发展低碳、零碳和负碳技术，这在全球范围内引发了技术创新和应用创新的激烈竞争。从表面来看，发展中国家通过多种途径学习低碳技术，所需支付成本远低于自主创新成本，经过一段时间的积累，有望确立后发优势。然而，全球尚未出现全面工业化后实现碳中和达标的经济体，核心技术创新仍面临诸多风险和挑战。政策拉动型碳达峰技术在制度环境方面与发达经济体在相应时期存在差异，缺乏可借鉴的经验。因此，应鼓励原始创新和自主创新，深入把握发展规律，防止关键核心技术受制于人。只有这样，才能通过降低技术投入成本，推动低碳、零碳和负碳技术的实际应用，直至实现终端使用，这才是技术创新的目标。

2.2.3 “双碳”目标的政策框架

通过整合碳达峰碳中和政策框架，可以描绘并勾勒出我国“双碳”目标的政策体系和制度框架，并明确各个阶段政策实施的重点（见图 2–1）。

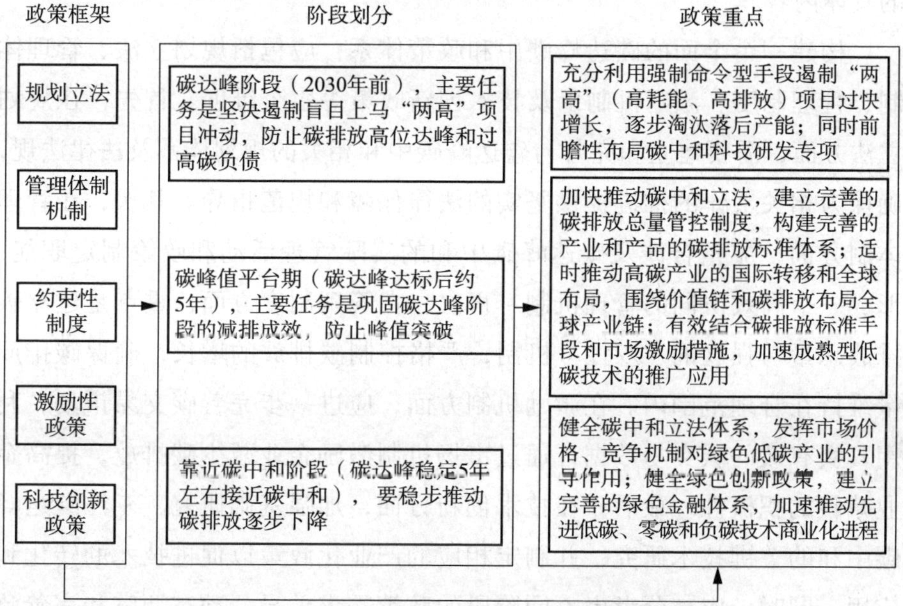

图 2–1 “双碳”目标的政策体系和制度框架

（1）总体发展脉络

依据《国务院关于印发 2030 年前碳达峰行动方案的通知》的精神，我国已经确立了未来碳达峰碳中和工作的战略方针。为了实现这一宏伟目标，我们必须明确工作重点，并制定相应的保障措施，确保碳达峰碳中和工作与经济社会发展的各个方面深度融合。

第一，工作方向与发展战略。我们应抓住经济社会全面绿色转型的机遇，紧密围绕能源绿色低碳发展的核心目标，努力构建资源节约型、环境友好型以及低碳排放的产业结构，优化空间布局，始终坚持“生态优先、绿色低碳”的发展理念，力争提前实现“双碳”目标。

第二，关于顶层设计与政策体系的完善。我们需要进一步完善碳达峰碳中和的“1+N”政策体系，全面规划绿色低碳转型的实施路径，明确具体的时间表和路线图。同时，将各类专项规划与各地区的中长期发展规划有效对接，明确碳排放目标、行动方向、政策措施以及制度保障的具体内容。

构建一个全面的碳达峰碳中和政策体系，应包括规划立法、管理体制、管理制度、激励机制以及技术创新政策等多个维度。首先，在规划立法方面，需要建立和完善与碳达峰碳中和相关的规划体系及法律法规，确保为相关工作的推进提供坚实的法律保障和规范指导。其次，在管理体制方面，应整合涉及碳达峰碳中和的实际管理活动和政策制定职能，形成一个高效协同的管理机制。再次，在管理制度方面，重点是建立碳排放总量与强度的“双控”机制，严格控制碳排放的增长，确保碳排放量维持在合理范围内。在激励机制方面，应进一步完善碳交易市场，利用真实有效的碳交易数据，通过市场机制激励企业减少碳排放，提高企业减碳的积极性。最后，在技术创新方面，加强基础研究，专注碳达峰碳中和的关键技术研究，并制定相应的产业化政策以促进技术的转化和应用。同时，应充分考虑不同阶段的政策需求差异，动态调整和完善政策体系，以保证政策的科学性、有效性和适应性。

展望未来，我国将坚定不移地推进碳达峰碳中和工作。通过持续优化顶层设计、完善政策体系、强化技术创新，并充分发挥市场机制的作用，我国将有力地推动经济社会向全面绿色转型方向发展，为全球应对气候变化作出积极贡献。

（2）阶段划分

考虑国际形势以及我国经济社会发展的实际情况，从 2021 年开始至 2060 年结束，我国碳达峰碳中和路径可分为 3 个阶段，各阶段具有不同侧重和导向，所制定的政策目标也各有差异。

第一阶段：碳达峰阶段（2030 年前）。

关键目标：必须遏制高耗能和高排放项目的无序发展，严禁碳排放量突破达峰目标，同时通过科学评估，为未来高碳排放产业的转型升级奠定基础。

政策要点：①立法研究，制定实用的碳达峰碳中和改进法；②制定工作目标，以碳排放量为标准，采用碳排放总量与强度“双控”机制；③在产业结构调整方面，选择强制性措施，抑制“两高”（高耗能、高排放）项目的建设；④布局碳达峰碳中和工作必须具备前瞻性，设立科技研究专项资金；⑤在碳交易领域，建设电力行业碳排放市场，逐步拓展其覆盖范围；⑥在融资政策方面，必须考虑气候影响因素，控制对高碳资产的投入速度。

第二阶段：碳峰值稳定期（碳达峰达标后约 5 年）。

关键目标：巩固第一阶段所取得的减排成果，严禁碳排放量超出峰值界限。

政策要点：①持续夯实碳排放总量的管控基础，严格限制高耗能项目的产能转移和升级政策；②通过碳排放标准和市场激励措施，推动经验证合格的低碳技术应用；③构建以碳达峰碳中和为核心的金融投资政策体系，包括金融标准、产品和服务的创新；④加强数据基础建设，排查气候风险，完善信息共享机制，提升人才素质等基础体系。

第三阶段：靠近碳中和阶段（碳达峰稳定 5 年左右接近碳中和）。

关键目标：平稳推进碳排放量的持续降低，确保实现碳中和目标。

政策要点：①尽快构建碳中和立法框架，制定严格控制碳排放总量的制度；②强化市场价格机制和竞争机制的作用，建设科学的绿色金融框架；③加快低碳、零碳和负碳技术的市场化进程；④增加公共资金投入，整合社会资本，重点支持能源、工业、建筑、交通和农业等领域的高新技术研发与应用，确保全流程的科学规划和合理布局。

2.2.4 “双碳”目标的未来政策安排

在碳达峰碳中和的背景下，我国社会发展模式需要由资源依赖向技术驱动转变。完成“双碳”任务对经济和社会的整体发展具有重要意义，其核心在于解决资源生产、能源生产和生活方式的转型问题。通过研究分析国内外经济社会发展的各种途径可知，要成功实现转型，不仅需要依靠社会发展的内在动力，还需走上由依赖资源转向依靠技术的道路，改变完全以消耗资源来支撑的外延式扩张现状，进而达成以科学技术创新发展为动力的内涵式发展目标。当前，产业发展更多的是考量技术创新，追求更清洁、更高效和更经济的能源形式，不过这一过程中也将面临诸多困难和问题。

（1）资源依赖型发展模式制约能源结构优化进程

近年来，我国能源消费结构持续优化，但由于长期以来形成的资源依赖型发展模式，化石能源在能源消费中的占比仍高达 56%（国家统计局 2024 年数据），显著高于 OECD 国家平均水平（28%）。为实现“双碳”目标的要求，我国能源结构改革仍存在较大空间。尽管资源依赖型发展模式逐渐被淘汰，但能源结构优化仍面临两个主要挑战。

第一，区域资源依赖导致经济结构单一，生态环境压力加剧。许多地区仍以自然资源开采和初级加工为主，这种发展模式不仅限制了产业多样化，导致经济结构单一，还对生态环境造成了严重破坏。尽管这种模式在短期内能够推动经济增长，但其长期代价高昂，难以实现可持续发展。

第二，产业无序扩张引发市场混乱，这种混乱的原因是多方面的，除过度开发资源和政府主导的产业模式带来的一些弊端外，产业井喷式扩张引发的毁灭性价格战，更是让整个行业发展失去了秩序。2011—2023 年，新能源装机容量增长 17.9 倍，但系统消纳能力滞后，导致：①弃能损失严重：2023 年弃风弃光率达 5.2%，损失电量相当于三峡电站年发电量的38%。②市场秩序紊乱：光伏组件价格3年下跌62%，行业利润率降至3.1%。③技术路径异化：部分企业为获取补贴盲目扩大产能，导致储能配置比例不足15%。

（2）仅依靠产业结构调整难以支撑“双碳”目标实现

当前，我国正处于“两高”行业结构转型的关键阶段。通过产业结构优化，采取静态节能减排措施，并结合高科技创新推动动态节能减排，为实现“双碳”目标奠定了初步基础。然而，尽管产业结构正在发生根本性转变，但由于工业化和城镇化尚未完全成熟，能源需求市场规模仍将持续增长。单纯依靠淘汰“两高”产业和产业节能措施，难以确保节能减排的长期性和可持续性。

研究表明，碳排放下降率与能源利用效率变动率密切相关，这为分析产业结构改革、能源损耗及经济发展提供了重要依据。因此，仅依赖产业结构调整是远远不够的，科技创新才是提高能源效率的关键路径。未来，需进一步推动清洁煤炭等化石能源的高效利用，同时加快可再生能源技术的研发与推广，这是实现“双碳”目标的必然选择。

（3）长远解决能源结构问题仍需颠覆性技术突破

根据《新时代的中国能源发展》白皮书的核心思想，加快构建高性价比的可再生能源新型电力系统，是解决当前电力系统能源消纳难题的关键所在。然而，构建科学合理且适应高比例可再生能源的新型电力系统，离不开颠覆性技术和核心技术的支撑。这需要将新能源、新材料与先进节能减排技术深度融合，同时结合大数据、云计算等信息技术，实现多学科前瞻技术的协同创新。

第一，储能技术是可再生能源高占比系统的核心。它是实现绿色能源转型的重中之重。通过利用风能、太阳能等自然资源，结合储能技术，可以有效提升可再生能源发电的灵活性和调节能力，解决能源消纳、调峰和容量支撑等问题，推动储能技术的研发与产业化。

第二，核能、氢能和生物质能源是重要补充。在可再生能源不足的情况下，核能、氢能和生物质能源将发挥重要的补充作用。当前，这些领域正处于技术全面突破和应用推广的关键阶段。值得注意的是，自主知识产权专利技术和国产化装备占比的快速提升，是现阶段亟须解决的问题。

第三，数字化技术是新型电力系统的关键支撑。数字化技术是实现能源网络化与新型电力系统深度融合的核心。通过智能微网、源网荷储协同调度等技术，结合新一代信息技术与传统电网经营管理模式，可以打造更加高效、智能的新型能源系统。

（4）以技术促进碳达峰碳中和发展需要创新政策的系统性转型

实现“双碳”目标，离不开技术创新的推动，同时也需要政策体系的系统性转型。科技创新是促进经济增长的重要动力，而碳中和的实现将在生产生活方式、经济社会结构等方面引发深刻变革。这一过程不仅是技术的革新，更是经济、社会和环境深度融合的结果。因此，创新政策需要更加注重系统性、协同性和可持续性。创新政策的转型主要体现在政策工具、政策目标和政策主体 3 个方面。

第一，政策工具。由传统的政府主导型政策转向市场化手段，如碳交易、绿色金融等，同时结合政府引导，形成多元化的政策工具箱。

第二，政策目标。不仅要推动绿色低碳发展，还需注重社会公平与包容性，缩小贫富差距，营造开放、共享的社会氛围，最终实现经济与社会的可持续发展。

第三，政策主体。由单一的经济或科技部门主导转向多部门协同合作，包括经济、科技、社会、环境等领域的共同参与，形成合力推动碳中和目标的实现。

在研析国内外碳达峰碳中和相关文献的过程中，课题组发现，国内学术界对这一领域的研究已逐步深入，并取得了显著成果。特别是在碳达峰碳中和的理论与实践方面，涌现许多值得借鉴的优秀成果，这为后续研究提供了重要的基础。然而，仍有一些领域尚未得到充分探索，如区域差异化路径、技术创新与社会公平的平衡等。这些研究空白为课题组提供了新的研究方向，同时也为青海等地区实现“双碳”目标提供了重要的理论支持和实践参考。

总体来看，随着相关文献的不断丰富，碳达峰碳中和的知识链条逐渐清晰，这不仅有助于推动全国范围内的低碳转型，也为地方实践提供了宝贵的经验和资源。未来，课题组将结合青海省的实际情况，进一步聚焦区域特色，探索适合本地发展的碳中和技术路径和政策体系。

2.3 基于文献分析的中国碳达峰碳中和研究现状

课题组在研究中采用了系统性文献综述法，对搜集到的文献资料进行了分类、整理和深入分析。系统性文献综述法通过梳理已有文献，按照学术规范对文献进行分类、编号和聚类分析，从而提炼出各类文献的核心特征。与传统文献综述法相比，这种方法能够更全面、更客观地呈现文献的“量”和“质”，有效避免了传统方法可能存在的片面性和主观性，为研究提供扎实的理论基础。在实证研究过程中，课题组发现以下几个值得重视的问题。

第一，研究空白与不足。现有关于碳达峰碳中和的研究虽然取得了一定成果，但仍存在一些未被充分关注的领域，如区域差异化路径、技术创新与社会公平的平衡等。

第二，研究重点与方向。需要明确碳达峰碳中和研究的核心领域和重点方向，梳理已取得的成果，还有哪些问题亟待解决。

第三，深化研究的必要性。已有研究领域需进一步拓展和深化，特别是在政策工具、技术路径、社会影响等方面，需探索如何改进现有不足并寻求新的解决方案。

为了顺利完成本次研究任务并实现预期目标，课题组将对文献材料进行更加深入的分析，聚焦关键问题，明确研究方向，为碳达峰碳中和的理论与实践提供更有价值的参考。

（1）制定文献检索工作框架

利用多种渠道，搜集近10年国内外涉及中国碳达峰碳中和领域的实证研究文献，并进行初步分类。检索平台包括CNKI、万方数据、Elsevier和Web of Science等。关键词可设置为“中国碳达峰碳中和”“碳达峰碳中和”“2030”“2060”等。通过这些平台，已检索到8000多篇相关文献，为后续研究提供了丰富的数据基础。

（2）有价值可作参考的文献标准

对收集的文献进行质量评估，筛选出与中国碳达峰碳中和密切相关的文献（见表2-1）。筛选标准共7条。①剔除无价值文献：确保文献与实证研究相关，能够支撑本次研究。②剔除不可获取全文的文献：保留可获取全文的文献。③保留期刊文献：剔除其他形式的文献。④保留版面不少于5页的文献：剔除内容过短的文献。⑤剔除重复文献：避免文献重复。⑥剔除不相关或无价值文献：确保文献与研究问题。⑦保留密切相关的文献：剔除与本次研究无关的内容。

表2-1 文献筛选标准

序号	纳入标准	排除标准
1	实证研究文献	非实证研究文献
2	全文可获得	不可获得全文
3	期刊论文	书稿、新闻报道、会议论文等
4	选用文献必须超过5页版面	不足5页版面的普通论文、述评和介绍性短文
5	原发性文献	重复文献
6	创新性研究问题、创新性研究方法、可靠的研究结论	泛泛性研究问题、过时的研究方法、过时的研究结论
7	主题聚焦中国碳达峰碳中和研究	主题与中国碳达峰碳中和研究没有联系

（3）文献筛选的思路

参考标准文献综述研究样本，通过筛选，最终确定637篇符合条件的文献，其中，来自CNKI的有268篇，来自万方数据的有62篇，来自

Elsevier 的有 247 篇，来自 Web of Science 的有 60 篇。对筛选后的文献，根据作者、年份、期刊、主题、研究方法等项目进行编码分析，以构建系统的研究框架。

2.3.1 文献发表及引用情况

中国碳达峰碳中和领域的研究文献呈现逐年递增的趋势。自 2021 年起，随着中国政府在国际会议上承诺 2030 年前实现碳达峰、2060 年前实现碳中和，相关研究文献数量显著增长。具体分布如下。

（1）文献发表趋势

2014—2020 年，9 篇（占 1.41%）；2021 年，153 篇（占 24.02%）；2022 年，207 篇（占 32.50%）；2023 年，180 篇（占 28.26%）；2024 年，88 篇（占 13.81%）。

（2）文献发表期刊分布

在筛选出的 637 篇文献中，按期刊类型划分如下：①环境类期刊：121 篇（占 19%）。②经济类期刊 146 篇（占 22.92%）。③能源类期刊：97 篇（占 15.23%）。④节能环保类期刊：76 篇（占 11.93%）。⑤交通类期刊 74 篇（占 11.62%）。⑥建筑类期刊 72 篇（占 11.30%）。⑦交叉学科类期刊：51 篇（占 8%）。

（3）高被引文献分析

有 35 篇文献的被引次数超过了 100 次。①被引次数第一：利用中国—全球能源模型（C-GEM）等工具，研究碳中和愿景下中国能源经济转型路径。②被引次数第二：研究碳中和目标下中国碳排放路径。

（4）研究热点与趋势

当前研究热点集中在以下 3 个方面：①碳达峰碳中和峰值情况：分析碳排放影响因素，预测峰值。②实现路径研究：探讨碳达峰碳中和的具体实现路径，包括政策支持、技术应用等。③能源经济转型：研究电力系统低碳转型路径及策略。

总体来看，中国政府的“双碳”承诺为相关研究提供了明确的方向，未来研究将继续聚焦政策实施、技术创新和路径优化等领域。

2.3.2 研究行业特征

对样本文献进行初步整理和分类，发现研究主要集中在第二产业的高碳排放行业，而对于农业、第三产业和金融业的研究相对较少。具体行业研究分布如表 2-2 所示。

表 2-2 行业研究分布

产业分布	频数（篇）	占样本文献总数比（%）	产业细分	频数（篇）	占行业百分比（%）
第一产业	11	1.73	农林牧渔业	11	100.00
第二产业	168	26.37	建筑业	61	36.31
			制造业	43	25.60
			采矿业	33	19.64
			电力	31	18.45
第三产业	12	1.88	交通业	7	58.33
			金融业	5	41.67
全部行业	11	1.73	不做产业细分	11	100.00

（1）行业研究分布

在 202 篇（占比 31.71%）聚焦于特定行业的文献中，有 11 篇（占比 1.73%）对全行业碳达峰碳中和进行了综合研究。

（2）第二产业研究集中

168 篇文献集中于第二产业，重点关注该产业的碳达峰碳中和问题。其中，建筑业（61 篇）、制造业（43 篇）和采矿业（33 篇）是第二产业碳排放的主力军，相关研究较多。

（3）其他产业研究

农业领域：11 篇文献关注农业领域的碳达峰碳中和。第三产业：12 篇文献涉及第三产业，其中金融业研究有 5 篇。

2.3.3 研究区域

对样本文献按区域进行分类整理后发现：①全国性研究有 414 篇（占 64.99%），这些文献主要关注全国碳达峰碳中和的整体情况，研究内容较为丰富，但大多停留在宏观层面，难以深入具体问题。②区域及省级研究有 182 篇（占 28.57%），这些文献主要关注区域和省级层面的碳达峰碳中和问题。分析结果如下。

（1）宏观层面研究居多

当前，中国碳达峰碳中和的研究多集中在宏观层面，以中国整体为研究对象，重点关注国家层面的承诺、情景预测和分析。这些研究虽然内容丰富，但往往缺乏对具体问题的深入探讨，难以形成“精品”成果。

（2）区域研究分布不均

少数学者将研究聚焦于特定区域，如上海、经济特别发达地区等，这些区域因碳排放量高而受到较多关注。相比之下，青海省等西部地区的碳排放、碳达峰碳中和情况研究较少，关注度明显不足。

（3）研究深度不足

研究表明，当前中国碳达峰碳中和的研究多停留在表层，缺乏对不同区域、不同行业碳排放特征的系统分析。未来需要加强对西部地区以及具体行业的研究，以推动“双碳”目标的实现。

2.3.4 研究方法

通过对 637 篇样本文献的研究方法进行分类整理，归纳出以下几类。

①定性研究：无须选择研究模型，直接开展碳达峰碳中和相关研究。②定量研究：选择定量研究模型，进行碳达峰碳中和研究。③定性分析＋情景分析研究：结合定性分析与情景分析，开展实证研究。④定量分析＋情景分析研究：结合定量分析与情景分析，进行综合研究。⑤混合情景分析研究：将定性分析、定量分析和情景分析相结合，开展综合性研究。

研究方法分布情况：混合情景分析研究方法 273 篇（占 42.86%）、定量情景分析研究方法 197 篇（占 30.93%）、定性情景分析方法 55 篇（占 8.63%）、定量研究方法 101 篇（占 15.86%）、定性研究方法 11 篇（占 1.73%）。由表 2–3 可知，大多数文献（470 篇，占 73.79%）选择混合情景分析研究和定量情景分析研究方法，这表明当前研究倾向结合多种方法以提高研究的科学性和实用性。

表 2–3　研究方法分布

研究方法	频数（篇）	占比（%）
定性研究	11	1.73
定量研究	101	15.86
定性情景分析	55	8.63
定量情景分析	197	30.93
混合情景分析	273	42.86
合计	637	100.00

2.3.5　研究主题

通过对样本文献中关键词的频次分析，可以识别出当前研究的主要关注点。①“碳达峰碳中和”：出现频次超过 88 次，表明这一主题在研究中占据核心地位，反映了其在当前学术和社会讨论中的重要性。②“碳排放”与“碳减排”：碳排放出现 70 次，而碳减排相关主题出现 17 次。这表明，碳排放及其减排措施是研究的重要内容，该主题受到广泛关注。③“能源问题”：能源相关主题出现38次，包括清洁能源和新能源问题。这一数据表明，能源转型和可持续发展是实现碳达峰碳中和的重要支撑领域。

2.4 中国碳达峰碳中和研究现状述评

2.4.1 研究产业特征述评

在研读过程中发现，不同产业部门的碳排放特征及政策响应存在显著差异。

（1）第一产业（农业）

一是农业碳排放量呈上升趋势，但政策引导对碳排放量的下滑具有显著影响。二是通过提高可再生能源在总能耗中的占比、降低化石能源供给总量、创新能源消费层次，第一产业有望科学有序地实现碳达峰碳中和。

（2）第二产业（建筑业）

一是建筑业碳排放量较高，是实现碳达峰碳中和的关键领域。二是建筑业的碳达峰碳中和进程具有较大不确定性，其结果将影响相关产业的周期性经济问题。三是绿色生产所需成本的增加与限制生产导致的产出损失是当前必须解决的问题，需要在经济增长与碳排放脱钩、绿色生产与经济增长之间找到平衡。

（3）第三产业（交通运输业）

一是交通运输业是碳排放的“重灾区”，化石能源的高碳排放是主要问题。二是科学控制交通运输业碳排放总量对中国碳达峰碳中和进程至关重要。三是推广新能源汽车、优化运输模式（如设计多功能联运结构运输体系）是降低交通运输碳排放的有效途径，将显著影响碳达峰碳中和的时间进程。

总体来看，各产业部门需根据自身的特点，采取针对性的减排措施，推动绿色低碳转型。

2.4.2 研究区域述评

中国碳达峰碳中和的实现路径需结合全国与区域层面的研究，重点如下。

（1）全国层面

一是需要找出碳排放问题的产生机制与路径，结合 GDP、能源状况、能源强度等因素，制定科学的解决方案。二是化石能源消费是根本问题，解决能源结构问题是实现碳达峰碳中和的关键。三是科学技术的发展是解决化石能源问题的根本路径，绿色城市活动对节能减排具有重要意义。四是碳排放市场的处置问题亟待解决，科学的政策措施对缩短碳排放总量提升至拐点的过程至关重要。

（2）区域层面

一是各区域需开展碳达峰碳中和的试验性创新，解决区域碳达峰碳中和存在的困难和问题。二是以省域为单位开展研究，结合本地资源禀赋、产业综合实力和发展背景，制定适合当地情况的任务目标。三是通过情景分析，明确能源消耗、碳排放、碳达峰碳中和的时间和峰值数据，对比真实数据与未来预测数据，加快省域碳减排进程。

总体而言，全国碳达峰碳中和的实现需在各区域现行碳达峰碳中和标准的基础上，通过科学的区域试验与创新，推动整体目标的实现。

2.4.3 研究方法述评

通过对样本文献的整理和归类，发现研究中主要采用以下 5 种方法。

（1）定性研究

通过非量化手段探讨碳达峰碳中和的理论框架和政策建议。

（2）定量研究

利用数学模型和统计分析对碳排放数据进行量化研究。

（3）情景分析

通过构建不同情景，预测碳达峰碳中和的路径和结果，适用于政策制定和路径优化。

（4）Kaya 模型

由 Yoichi Kaya 提出，用于分析碳排放与其他影响因素（如人口、GDP、能源强度等）的关系。该模型广泛应用于碳达峰碳中和研究，但主要适用于动态分析，难以处理静态问题。该模型适用于分析碳排放与其他因素的动态关系，但对静态问题处理能力有限。

（5）其他模型

① Monte Carlo 方法：用于处理不确定性分析，但不适用于静态突破问题。

② EKC 模型：揭示了二氧化碳排放量随着经济发展呈现倒“U”形变化规律，可用于预测碳达峰时间。该模型适用于预测碳达峰时间，但需结合区域经济特征。

③ LEAP 模型：用于评估碳排放总量，精确预测碳达峰碳中和数据及峰值。

④ IPAT 模型：用于分析人口、富裕度和技术对环境的影响，可通过优化为 STIRPAT 模型，研究环境与人类活动的关系。该模型适用于碳排放总量评估和峰值预测，但需准确输入数据。

⑤定量分析：整合区域或行业间的碳排放干扰因素，识别关键因素，并通过情景模拟预测碳达峰碳中和路径。

不同的研究方法各有优缺点，需根据研究目标和数据特点选择合适的方法。情景分析和定量研究在当前研究中应用广泛，但需结合其他模型以提高研究的科学性和实用性。

2.4.4 研究主题述评

中国碳达峰碳中和研究涉及多个领域，学者们主要集中在以下 3 个方向。

（1）能源结构转型研究

多数学者聚焦于能源领域的突破性研究，因为化石能源与碳排放密切相关。为实现碳达峰碳中和，必须寻找无碳排放的新能源，调整能源结构。当前研究重点集中在以下 3 个方面：一是能源结构调整。通过优化能源结构，减少对化石能源的依赖，增加清洁能源的使用比例。二是新能源技术研发。作为解决环境问题的关键，新能源技术的研发受到高度关注，被认为实现碳达峰碳中和的“不二之选”。三是经济发展与能源关系。研究经济发展与能源结构的相互作用，明确能源结构改革对碳排放的影响。

（2）碳减排路径与预测研究

学者们针对区域或行业开展碳减排研究，重点关注以下内容：一是碳达峰碳中和时间预测。准确预测碳达峰碳中和的具体时间，分析当前形势与实现路径。二是区域与行业碳排放研究。通过定性和定量分析，解决区域或行业碳排放问题，找出影响碳排放的关键因素。三是路径优化。通过模拟碳减排过程，设计绿色模型或技术创新模型，预测碳达峰时间和峰值，对比选择最优路径。

（3）气候变化与经济影响研究

气候变化对经济和能源结构产生直接影响，学者们从以下角度开展研究。一是综合影响分析：研究国家资源结构、经济社会发展与温室气体排放、能源损耗和能源结构改革之间的关系。二是经济发展与碳排放：分析经济发展过程中如何处理好碳排放问题，强调经济发展与碳减排的协同性。三是政策与技术应对：探讨应对气候变化的政策和技术手段，推动能源结构调整和经济可持续发展。

当前，碳达峰碳中和研究主要集中在能源结构调整、碳减排路径优化和气候变化影响分析3个方面。这些研究不仅关注技术突破和政策设计，还强调区域和行业的具体实施路径，为实现“双碳”目标提供了理论支持和实践指导。

2.5 未来研究展望

2.5.1 文献研究结论

课题组对近10年的文献进行了系统筛选和分类管理，从产业、区域、方法和主题等多个方面进行整理，形成如下结论。

（1）文献数量统计方面

近年来，国内外关于中国碳达峰碳中和的研究文献逐年递增。2020年9月22日，中国政府在联合国大会上提出碳达峰碳中和目标后，相关研究文献呈现井喷式增长，2022年达到峰值。大量高质量论文发表在SCI期刊上，其中被引用次数最高的研究论文值得关注。

（2）文献创作者的地理分布方面

所有文献作者均来自中国，表明国内学者高度重视碳达峰碳中和研究。

（3）产业研究方面

一是研究集中在第二产业，尤其是建筑业等高碳排放领域。第二产业是中国二氧化碳排放的主要来源，需加快绿色转型，实现碳减排与产业效益的脱钩。二是交通运输业作为碳排放大户，需优化运输结构，推广低碳运输设备，确保运输效率不受影响，同时节约能源消耗，实现交通业和第三产业的碳减排目标。三是不论何种产业，均需推广节能减排设备，减少化石能源消耗，发展可再生能源，实现减排降碳目标。

（4）区域研究方面

一是研究需结合区域的实际情况，全面考虑碳达峰碳中和因素，确保所有产业提前实现“双碳”目标。二是学者们需从多层次、多方位探索碳达峰碳中和的最佳实现路径，精心设计区域经济发展模式，使其与“双碳”目标相融合。三是可通过情景分析，比较特定区域的能源消耗与二氧化碳排放，为区域定制能源供给和减排政策提供依据。

（5）研究方法

定量分析与定性分析相结合是较为理想的研究方法。同时，可利用数学模型精细化研究区域碳排放的干扰因素，识别关键干扰因素，并通过情景分析设计碳达峰碳中和的实现路径。

（6）研究主题

一是现有研究主题明确、目标清晰，均围绕碳达峰碳中和、碳排放、碳减排等核心主题展开。二是研究需紧扣目标，设置合理的限制条件，将碳达峰碳中和作为节能减排和新能源发展的指引。三是碳达峰碳中和研究具有广阔的空间和重要意义，涉及的主题广泛，值得深入探索。

中国碳达峰碳中和研究已取得显著进展，但未来仍需在能源转型、碳减排路径优化、气候变化影响分析等方面深化研究。通过加强区域和行业协同、推动技术创新和国际合作，中国有望实现“双碳”目标，为全球应对气候变化贡献力量。

2.5.2 研究启示

（1）产业结构改革与碳达峰碳中和的结合

第一，产业转型。产业结构改革必须与碳达峰碳中和相结合，推动产业向合理化和高级化方向发展，以缩短达标时间。碳达峰碳中和不仅是产业发展的重要指引，也是实现经济转型的关键。

第二，能源结构调整。在碳达峰碳中和的引导下，能源结构调整需重点关注农村居民生活用能路径，整合农村能源结构，推动农村地区实现碳达峰碳中和。

第三，工业减排。工业是二氧化碳排放的主要来源，明确“双碳”目标将引导产业转型，减缓二氧化碳排放增速。尽管总体排放量仍在缓慢上升，但通过提前完成工业能源替代、减少化石能源消耗，可快速降低二氧化碳排放量。电力行业是减排的关键领域，需严格控制火电，扩大可再生能源发电应用，并拓展节能技术路径。

第四，建筑业与交通业。解决建筑业化石能源消耗问题对碳达峰碳中和至关重要，城镇化和城市化是实现碳达峰碳中和的有效路径。

第五，电动汽车的使用。需采取措施扩大电动汽车使用群体，并开展“双碳”目标下电动汽车相关研究。

（2）区域碳达峰碳中和研究

一是区域协同。结合各区域碳达峰碳中和的条件和优势，研究人员需将中国作为一个整体进行研究，重点关注能源结构、技术创新和经济发展等领域。通过整合中西部各省（区、市）的研究，探索缩短实现“双碳”目标时间的路径。二是实现路径。在碳达峰碳中和的引导下，研究需探索缩短实现时间的路径，确保中国按时兑现“双碳”承诺。

（3）研究方法与情景预测

一是情景设计。研究方法需紧密结合情景内涵进行预测，设计科学的碳达峰碳中和路径。虽然模型可以预测碳排放的干扰因素，但情景设计往往带有天真和理想化成分，与实际存在一定差距。未来研究需考虑情景设计的现实贴合度，缩小情景间的差距，提高预测的准确性。二是情景优化。情景分析是研究的重要工具，但需避免理想化假设，确保情景设计与实际情况紧密结合。

（4）全面论证碳排放实际问题

一是关键问题。碳减排、碳达峰碳中和的路径、时间和层级是研究的关键点。研究人员需重视能源环境和气候变化问题，将能源与气候研究作为永恒的主题。二是资源禀赋与能源结构。不同国家的发展道路和资源禀赋对能源结构产生不同的干扰效应。“双碳”目标应作为指引，推动经济发展与碳达峰碳中和的融合，解决能源结构和气候变化问题，兑现“双碳”承诺。

2.5.3 未来研究方向建议

（1）深化能源结构转型研究

加强对新能源技术研发和应用的研究，探索通过技术创新推动能源结构转型，减少对化石能源的依赖，重点关注农村和工业领域的减排路径。

（2）优化碳减排路径研究

结合区域和行业特点，进一步优化碳减排路径，探索如何在保障经济发展的同时实现“双碳”目标，优化情景分析以提高预测的现实贴合度。

（3）加强气候变化影响研究

深入研究气候变化对经济、能源和社会的影响，提出适应和缓解气候变化的策略，解决资源禀赋对能源结构的干扰，推动经济发展与“双碳”目标的融合。

（4）推动区域和行业协同研究

加强区域和行业间的协同研究，探索通过政策和技术创新实现区域与行业的碳减排目标，重点关注中西部省份的碳达峰碳中和实现路径。

（5）拓展国际合作研究

加强国际合作，借鉴国际先进经验，推动中国“双碳”目标的实现，促进全球气候治理与技术共享。

实现“双碳”目标是青海省乃至全国经济社会绿色转型的重要任务。通过深化能源结构转型研究、优化碳减排路径研究、加强气候变化影响研究、推动区域和行业协同研究以及拓展国际合作研究，青海省能够在保障经济发展的同时，有效降低碳排放，推动绿色低碳发展。未来，青海省需继续加强科技创新和政策支持，探索符合自身资源禀赋和发展特点的低碳发展路径，为全国实现“双碳”目标贡献智慧和力量。同时，青海省的成功实践也将为其他地区提供宝贵经验，助力全球气候治理与可持续发展。

3

青海省经济发展及能源消费现状分析

自“十四五”规划实施以来，青海省在经济增速步入中高速新常态的背景下，致力于构建清洁低碳的能源供应体系。此举旨在推动经济结构的转型升级、工业结构的调整优化、重点领域节能减排以及能源结构的改善，从而促进节能减排，实现经济社会的绿色转型，并积极应对气候变化挑战。这些努力已初见成效，为实现“双碳”目标奠定了坚实的基础。“十四五”期间，青海省单位地区生产总值能耗累计下降了19.1%，圆满完成了国家下达的目标任务。至2022年，全省单位地区生产总值二氧化碳排放量相较于2015年已降低了18.27%，超额完成“十三五”规划目标要求。

3.1 青海省经济发展现状

青海省地处中国西北内陆，北部和东部与甘肃省接壤，西北部毗邻新疆维吾尔自治区，南部和西南部与西藏自治区相连，东南部与四川省接界。该省因拥有中国最大的内陆咸水湖——青海湖而得名。青海省下辖8个市（州），包括省会西宁市，其中，地级市2个、自治州6个、市辖区6个、县级市3个、县31个。青海省是长江、黄河、澜沧江的发源地，因此被誉为“江河源头”，亦称“三江源”，并享有“中华水塔”的美誉。

截至2022年，青海省总人口达到595万人，其中城镇人口366万人，农村人口229万人。2011—2022年，青海省人口变化趋势如图3-1所示。

总人口：从2011年的568万人增至2022年的595万人，净增加27万人，呈现上升趋势。

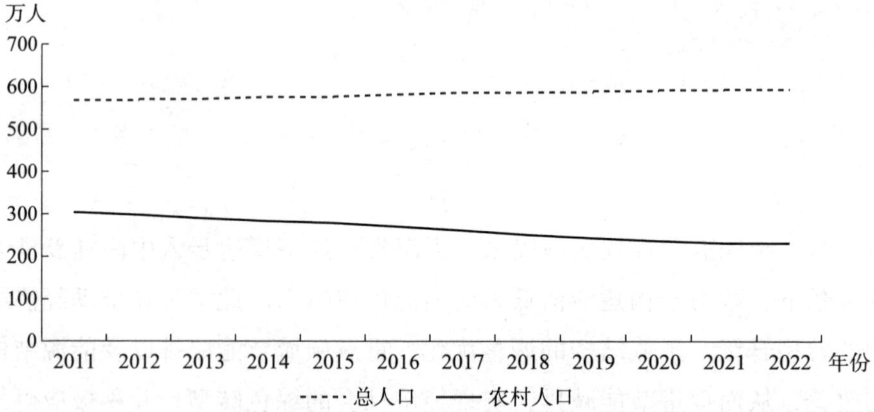

图 3–1 2011—2022 年青海省人口变化趋势

数据来源：《青海统计年鉴 2023》。

农村人口：从 2011 年的 303.71 万人减少至 2022 年的 229 万人，净减少 74.71 万人，呈现下降趋势。

自党的十八大以来，习近平总书记曾两次亲临青海省进行实地考察，并在两次全国人大青海代表团的审议中发表了重要讲话。总书记深刻洞察青海省的资源禀赋、发展优势以及区域特色，为青海省描绘了“加快建设世界级盐湖产业基地，打造国家清洁能源产业高地、国际生态旅游目的地、绿色有机农畜产品输出地”的宏伟蓝图，即“四地”建设的发展愿景。在党的二十大报告中，习近平总书记再次强调，“必须坚定不移地树立和实践绿水青山就是金山银山的理念，从人与自然和谐共生的角度出发来规划发展”。我们应从政治和全局的高度，牢记青海省“三个最大”的省情定位，全面、准确、深入地贯彻新发展理念，持续推动生态优先和绿色发展。

青海省实现“双碳”目标与推动经济转型发展的进程是相辅相成的。“双碳”目标不仅是经济转型的重要基础和条件，而且在这一目标的指引下，倒逼能源结构向绿色低碳转型、产业结构进行系统性升级、发展方式实现根本性转变。经济转型是实现“双碳”目标的关键，只有通过升级创新和绿色低碳转型，才能更有效地实现“双碳”目标。对于青海省来说，过去依赖粗放型经济增长方式导致资源能源过度消耗和生态环境破坏，因此必须抓住“双碳”机遇，聚焦“四地”建设，依托其独特的资源禀赋，发展和壮大优势产业，全面转向绿色低碳和高质量的发展轨道，这将有助于推动发展方式的转变，并加速构建绿色低碳循环发展的经济体系。

3.1.1　青海省经济总量及增速

自“双碳”目标提出以来，供给收缩与新冠疫情期间的影响加剧了当前经济的下行压力。一些地区在应对“双碳”目标时考虑不周，将长期降碳目标短期化，这对当地经济发展产生了不利影响。“十四五”期间，青海省经济实现了跨越式发展，经济规模持续扩大。2022 年，正值党的二十大胜利召开，面对繁重的改革发展稳定任务，以及复杂严峻的超预期因素冲击，全省经济在逆境中锤炼了韧性、增强了实力，发展韧性和潜力显著提升。

2022 年，青海省全年经济运行呈现前高、中扬、后稳的态势，整体回升向好的趋势明显，发展的稳定性、协调性和可持续性进一步增强。全省经济总量达到 3623.26 亿元，同比增长 2.4%；2011—2022 年平均增长率为 7.49%。整体来看，青海省经济向好的趋势未变。然而，在全国范围内，青海省的经济总量和增速仍处于相对落后的位置。2011 年以来，青海省经济虽稳步增长，但增速逐渐放缓。2011—2022 年青海省经济生产总值及增速如图 3–2 所示。

较低的经济发展水平和增速为青海省实现“双碳”目标带来了机遇与挑战：一方面，基于“三个最大”的省情定位，青海省正在加速向绿色产业转型。在较低的经济发展水平和增速下，粗放型生产特征较弱，相较于化石能源消费大省，更容易实现产业向绿色低碳的发展方向转型升级，这有助于实现“双碳”目标。另一方面，由于经济基础相对薄弱，高排放、高污染企业在转型过程中若无法获得有效的资金支持，可能会导致“双碳”进程受阻，或企业转型不顺而面临破产，进而引发社会经济衰退。

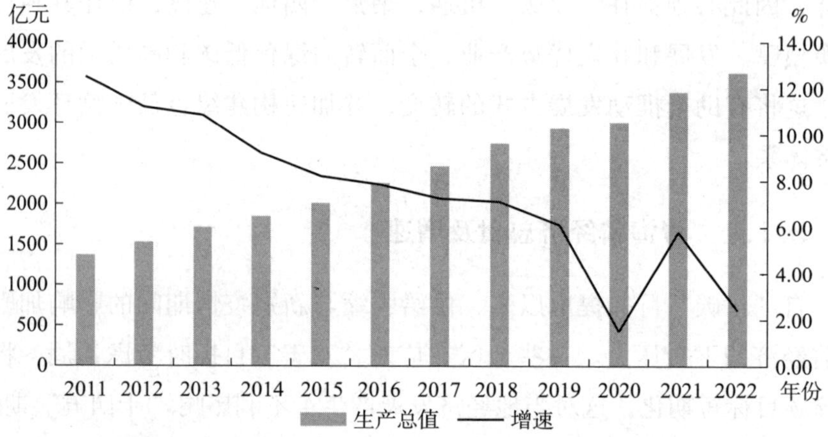

图 3-2　2011—2022 年青海省经济生产总值及增速

数据来源：《青海统计年鉴 2023》。

3.1.2　青海省产业结构总体现状

2022 年，青海省第一、第二、第三产业的增加值分别达到了 380.2 亿元、1585.7 亿元和 1585.7 亿元，较 2021 年分别实现了 7.51%、16.19% 的增长以及 1.35% 的下降。三次产业的比重为 10.53 ∶ 43.92 ∶ 45.54。观察产业结构的变化，青海省的产业结构自 2011 年的“二三一”模式，已经逐步演变为 2022 年的“三二一”模式。详细情况如见表 3-1 和图 3-3 所示。

表 3-1　2011—2022 年青海省三大产业增加值占比　单位：%

年份	第一产业占比	第二产业占比	第三产业占比
2011	9.28	58.38	32.34
2012	9.34	57.69	32.97
2013	9.88	57.02	33.10
2014	9.37	53.59	37.04

续表

年份	第一产业占比	第二产业占比	第三产业占比
2015	8.64	49.95	41.41
2016	8.60	48.59	42.81
2017	9.08	44.29	46.63
2018	9.76	39.80	50.44
2019	10.18	39.10	50.72
2020	11.12	38.04	50.84
2021	10.45	40.32	49.24
2022	10.53	43.92	45.54

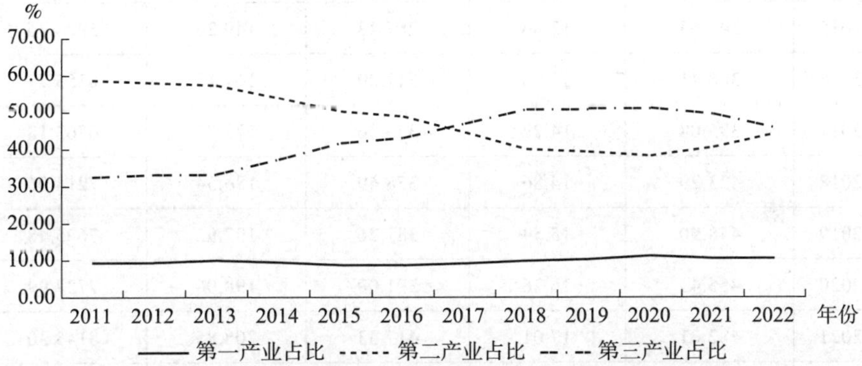

图 3-3　2011—2022 年青海省三次产业结构比例

数据来源：《青海统计年鉴 2023》。

第一产业：比重略有增加，农村经济运行平稳，整体态势良好。

第二产业：比重有所下降，主要得益于工业领域加快淘汰落后产能，推动高污染、高排放、高能耗企业向绿色转型。

第三产业：在经济中的占比约为一半，传统服务业稳步发展，新型服务业规模持续扩大。

由此可见，青海省的区域发展阶段已由“工业化阶段”逐渐向“高效益的综合发展阶段”转变。

为了确保研究与经济增长相关因素的准确性，并排除价格因素的干扰，本书采用1952年地区生产总值和三次产业产值作为基准，折算出青海省地区生产总值和三次产业产值的不变价格。折算结果见表3-2。

表3-2 2011—2022年青海省地区生产总值（含产值）及人均生产总值

年份	地区生产总值（亿元）	第一产业产值（亿元）	第二产业产值（亿元）	第三产业产值（亿元）	人均生产总值（元）
2010	208.75	10.02	162.04	92.61	3724.22
2011	234.73	10.50	189.83	102.39	4149.90
2012	261.02	11.05	215.78	113.13	4582.32
2013	289.22	11.63	241.50	125.58	5063.92
2014	315.82	12.24	265.55	137.31	5505.50
2015	341.63	12.86	287.43	149.26	5924.46
2016	368.41	13.56	311.29	161.18	6355.77
2017	395.08	14.22	333.36	173.77	6763.18
2018	423.29	14.86	358.49	186.54	7214.96
2019	448.90	15.54	381.26	197.92	7625.48
2020	455.45	16.26	391.09	198.06	7727.99
2021	482.01	17.01	417.33	208.85	8145.30
2022	492.90	17.78	450.35	203.57	8316.35

数据来源：《青海统计年鉴2023》。

3.1.3 青海省第一产业现状

青海省地处地球“第三极”，是三大江河的发源地，属于全国五大牧区之一，被联合国教科文组织认定为“世界四大超净区”之一。该地区拥有蓝天碧水、绿草如茵的自然环境，其独特的生态优势孕育了高原生物多样性，为青海农畜产品提供了天然、绿色、有机的显著优势。习近平总书记深刻洞察青海省的资源禀赋、发展优势以及区域特色，赋予了青海“打造绿色有机农畜产品输出地”的重大任务和历史使命。

党的十八大以来，青海省以实施乡村振兴战略为总抓手，以深化农业供给侧结构性改革为主线，集中力量解决全面小康“三农”领域的短板问题。全省农牧业生产能力得到显著提升，绿色有机农畜产品特色日益凸显，农牧区产业融合实现提档升级，农牧科技服务支撑创新成效显著，农牧区改革发展成果丰硕，全省农业农村各项工作持续取得新的进展。

近年来，青海省第一产业稳步增长（见图 3-4）。2022 年第一产业增加值达到 380 亿元，比 2011 年增长 245.28 亿元，年均增长率为 13.15%，是 2011 年的 2.45 倍。由表 3-3 可知，2011—2022 年，青海省农林牧渔四个产业的总产值呈现稳步增长态势，从 230.82 亿元增至 566.21 亿元。2011—2019 年年均增长率约为 7.34%，2020 年、2021 年和 2022 年增长率分别为 11.6%、4.2% 和 7.1%，其中 2020 年增速较高，可能与政策或外部因素有关。各产业产值情况见表 3-3。

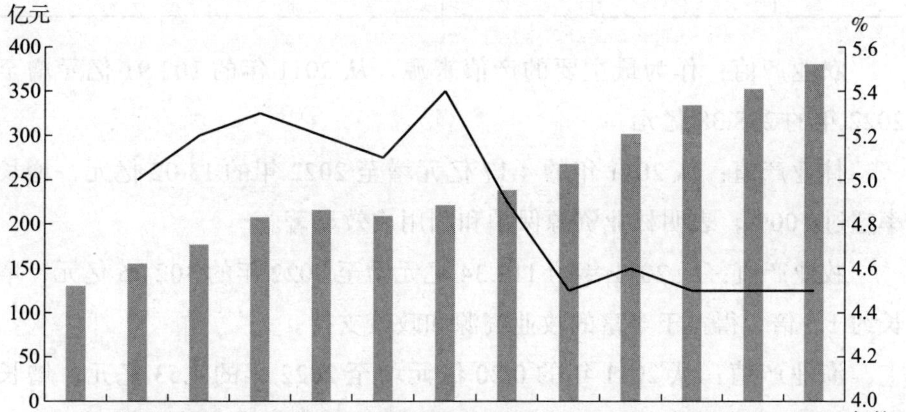

图 3-4 2010—2022 年青海省第一产业增加值及增速

数据来源：《青海统计年鉴 2023》。

表 3-3 2011—2022 年青海省第一产业总产值及农业、林业、牧业、渔业产值

单位：亿元

年份	第一产业总产值	农业	林业	牧业	渔业
2011	230.82	102.91	4.17	119.34	0.20
2012	263.86	117.09	4.57	137.08	0.56
2013	310.30	140.54	5.68	157.90	1.26
2014	327.49	144.21	6.61	169.14	2.22
2015	319.27	145.00	7.43	158.37	2.78
2016	338.80	155.52	8.28	165.72	3.25
2017	364.10	162.38	9.04	182.98	3.44
2018	405.93	169.24	10.41	215.98	3.64
2019	454.35	181.25	11.25	250.81	3.92
2020	507.10	188.60	11.86	295.12	3.88
2021	528.53	204.73	13.21	298.57	4.14
2022	566.21	238.38	13.02	302.36	4.53

农业产值：作为最主要的产值来源，从 2011 年的 102.91 亿元增至 2022 年的 238.38 亿元。

林业产值：从 2011 年的 4.17 亿元增至 2022 年的 13.02 亿元，增长率超过 100%，表明林业资源保护和利用成效显著。

牧业产值：从 2011 年的 119.34 亿元增至 2022 年的 302.36 亿元，增长约 1.5 倍，得益于丰富的牧业资源和政策支持。

渔业产值：从 2011 年的 0.20 亿元增至 2022 年的 4.53 亿元，增长率约 9%，在青海省的地理和气候条件下，这一增长已相当可观了。

从产业结构来看，农业始终占据主导地位，但林业和牧业的占比逐渐增大，表明青海省在推进农林牧渔 4 个产业协调发展的同时，也在优化资源配置，推动产业转型升级。

由图 3-5 可知 2011—2022 年青海省农村居民人均可支配收入和农林

牧渔业从业人员的变化情况。

农村居民人均可支配收入从2011年的4608元增至2022年的14456元，增长了约2.14倍，年均增长率达10.95%，表明农村居民经济状况显著改善，生活水平持续提高。

农林牧渔业从业人员数量从2011年的118.11万人减少至2022年的116.94万人，总体保持稳定。2012—2015年农林牧渔业从业人员数量有所增加，但2015年后基本维持在115万人左右，表明就业情况相对稳定。2021年和2022年农林牧渔业从业人员数量略有增加，可能与产业发展和政策支持有关。

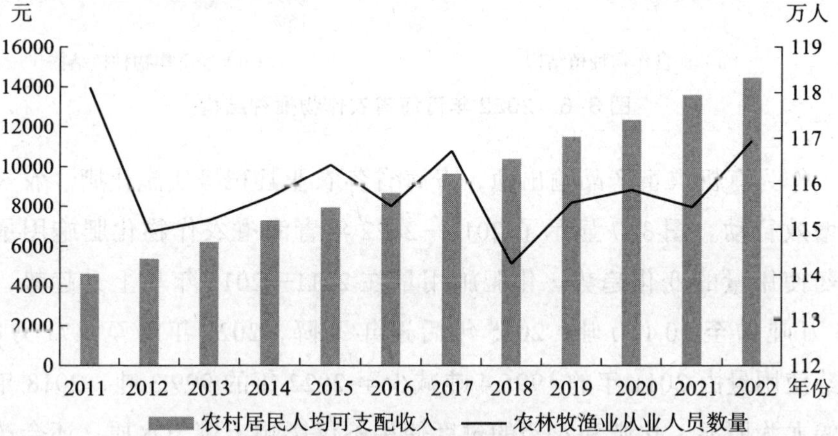

图 3-5 2011—2022 年青海省农村居民人均可支配收入和农林牧渔业从业人员数量

（1）青海省农业发展现状

青海省海拔较高，气候寒冷，仅东部农业区适合农业发展。2022年，全省农作物播种面积达865.99万亩，其中粮食作物播种面积为455.61万亩，分别比2021年增加13.72万亩和12.6万亩，总播种面积和粮食播种面积均为近年来最高。在农作物播种结构中，粮食作物占比为51.77%，经济作物占比为48.23%。如图3-6所示，粮食作物以谷物、薯类和豆类为主，其中谷物主要包括小麦、青稞和玉米；经济作物以油料、蔬菜、其他农作物为主，油料中油菜籽占比高达99.3%。2022年，全省新建高标准农田21.39万亩，总量达到458万亩，显著提升了农业生产效率和质量，同时增强了农田生态系统碳汇能力，农作物播种面积的增加也提高了对温室气体吸收和二氧化碳固定的能力。

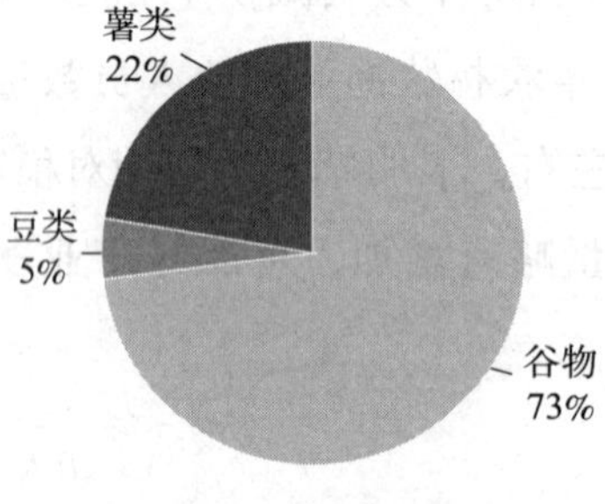

（a）粮食作物种植结构

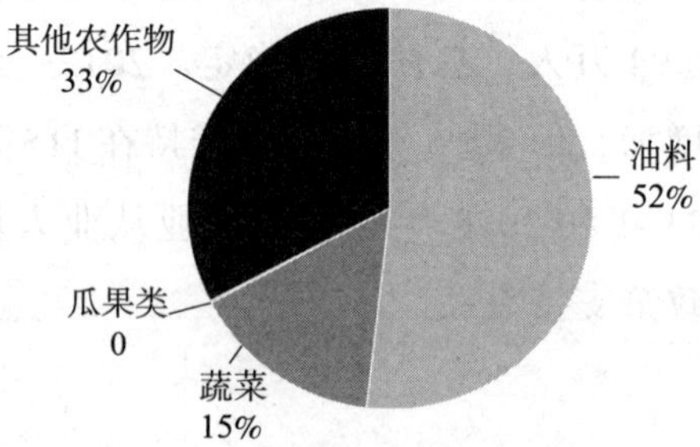

（b）经济作物种植结构

图3-6　2022年青海省农作物播种结构

作为有机农畜产品输出地，青海省各农业县积极实施化肥、农药减量增效行动。图3-7显示了2011—2022年青海省农作物化肥施用量和农药使用量的变化趋势。化肥施用量在2011—2015年呈上升趋势，从8.3万吨增至10.1万吨，2015年后逐年下降，2022年降至4.71万吨；农药使用量由2011年的1995.4吨减少至2022年的999.3吨，2018年后降幅尤为明显。化肥和农药的过度使用不仅影响土壤与水质，还会产生氮氧化物等温室气体，对环境造成负面影响。因此，减少化肥和农药使用是实现碳中和的关键举措。近年来，青海省积极推广绿色农业技术，如有机农业、精准农业和生态农业，这些措施不仅降低了温室气体排放，还提高了土壤健康和农业可持续性，为实现“双碳”目标提供了重要支持。

表3-4显示，青海省粮食产量常年稳定在105万吨左右，水果产量约为1.5万吨，油料产量约为30万吨（以油菜籽为主，占比在99%以上）。春油菜是青海省第一大农作物，常年种植面积超过200万亩，培育的24个油菜品种在全国春油菜区推广面积约400万亩，占春油菜区杂交

油菜总面积的85%左右。枸杞产量常年保持在8万吨以上，综合产值近百亿元。总体来看，青海省种植业发展态势积极向好。

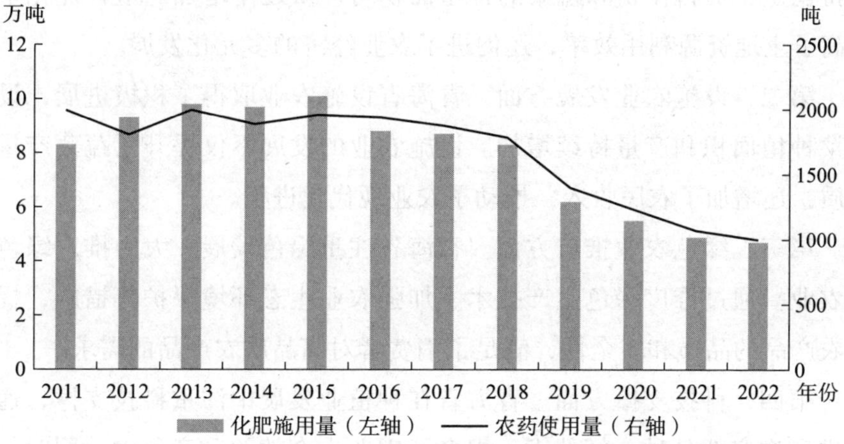

图3-7　2011—2022年青海省农作物化肥施用量和农药使用量

表3-4　2011—2022年青海省粮食、油料和水果产量　　单位：万吨

年份	粮食	油料	水果
2011	103.36	36.07	1.35
2012	101.50	35.22	1.40
2013	102.37	32.57	1.35
2014	104.81	31.51	1.32
2015	104.04	31.67	1.50
2016	104.78	31.33	1.29
2017	102.55	30.27	1.29
2018	103.06	28.45	1.38
2019	105.54	28.88	1.66
2020	107.42	30.21	1.45
2021	109.09	31.88	1.50
2022	107.27	30.89	1.52

近年来，青海省在种植业方面取得了显著进展，主要体现在种植结构优化、设施农业发展、绿色农业推广、科技支撑和政策扶持等方面。

第一，种植结构优化方面。青海省按照“稳粮、增油、扩菜”的总体思路，积极调整种植结构。粮食生产规模稳步增长，种植面积和产量保持稳定；油料作物和蔬菜的种植面积与产量逐年增加。这种优化不仅提高了土地资源利用效率，还促进了农业经济的多元化发展。

第二，设施农业发展方面。青海省设施农业取得了积极进展，设施蔬菜种植面积和产量持续增加。设施农业的发展不仅提升了蔬菜产量和品质，还增加了农民收入，推动了农业现代化进程。

第三，绿色农业推广方面。青海省注重绿色发展，大力推广绿色有机农业。通过推广绿色生产技术、加强农业生态环境保护等措施，提高了农产品的品质和安全性，满足了消费者对高品质农产品的需求。

第四，科技支撑方面。青海省在种植业发展中注重科技支撑，通过引进和推广新品种、新技术，提高了农业生产效益和竞争力。同时，加强农业科技人才培养和科技创新平台建设，为农业可持续发展提供了有力保障。

第五，政策扶持方面。青海省政府高度重视种植业发展，出台了一系列支持政策。例如，加大对农业科技创新的投入、提高农业机械化水平、加强农业基础设施建设等。中共青海省委、青海省人民政府贯彻中共中央、国务院《关于做好2022年全面推进乡村振兴重点工作的意见》，严格落实粮食安全“党政同责”，开展粮食安全责任制考核，确保粮食作物播种面积和产量稳定，同时优化农业生产布局，实行粮食生产功能区和重要农产品保护区精准化管理。

综上所述，青海省种植业在种植结构优化、设施农业发展、绿色农业推广、科技支撑和政策扶持等方面取得了积极进展。未来，青海省将继续推动种植业的发展，加快农业现代化进程，为乡村振兴和农业可持续发展作出更大贡献。

（2）青海省畜牧业发展现状

作为我国四大牧区之一，青海省的畜牧业在地区经济中占据重要地位。然而，过度放牧可能导致草场退化，对生态环境造成破坏，并削弱草原碳汇能力。由图 3-8 可知，青海省畜牧业总产值从 2011 年的 119.34 亿元增至 2022 年的 302.34 亿元，增长了约 1.5 倍，年均增长率达 8.8%。特别是 2018 年之后，年增长率保持在 5% 以上，其中 2019 年和 2020 年分别增长了 16.1% 和 17.6%。

需要注意的是，畜牧业是温室气体排放的主要来源之一，主要排放物为甲烷和氧化亚氮。甲烷主要产生于反刍动物的消化过程，而氧化亚氮则主要源于畜粪和肥料的施用。随着畜牧业产值的增长，温室气体排放量也可能相应增加。因此，在实现“双碳”目标的背景下，探索降低畜牧业碳排放的有效途径显得尤为重要。通过实施合理的放牧策略，青海省有望有效降低碳排放，提升草原碳汇能力，从而助力“双碳”目标的实现。

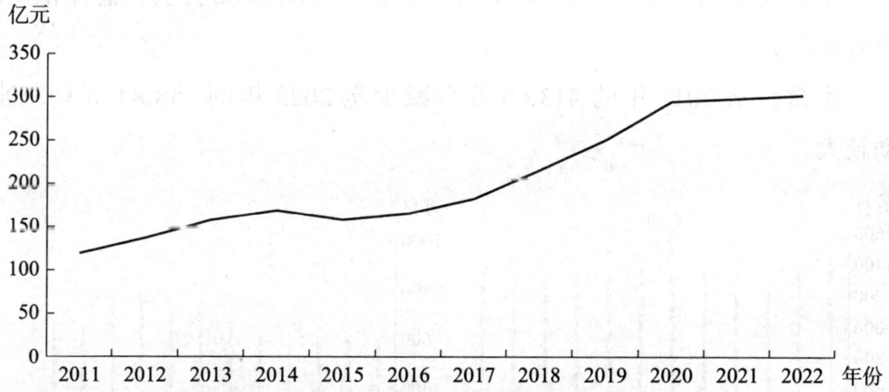

图 3-8　2011—2022 年青海省畜牧业总产值

近年来，青海省畜牧业呈现存栏量增加、出栏量增加、草食畜繁活增加和肉禽蛋产量增加的“四增”势头，表明畜牧业在数量和质量上均实现了显著提升，为全年丰产增收奠定了坚实的基础。2011—2022 年，青海省猪、牛、羊和家禽的存栏量与出栏量如图 3-9 所示。

猪、牛、羊和家禽的存栏量情况如下。

猪：从 2011 年的 102.24 万头减少至 2022 年的 58.82 万头，呈下降趋势。

牛：从 2011 年的 486.69 万头增至 2022 年的 645.52 万头，整体呈上升趋势。

羊：从 2011 年的 1472.84 万头减少至 2022 年的 1354.03 万头，总体略有下降。

家禽：从 2011 年的 269.08 万只减少至 2022 年的 144.51 万只，波动较大。

猪、牛、羊和家禽的出栏量情况如下。

猪：从 2011 年的 115.53 万头减少至 2022 年的 76.92 万头，呈下降趋势。

牛：从 2011 年的 95.02 万头增至 2022 年的 205.7 万头，呈显著上升趋势。

羊：从 2011 年的 579.02 万头增至 2022 年的 676.08 万头，总体稳定，略有波动。

家禽：从 2011 年的 413.66 万只减少至 2022 年的 158.84 万只，波动较大。

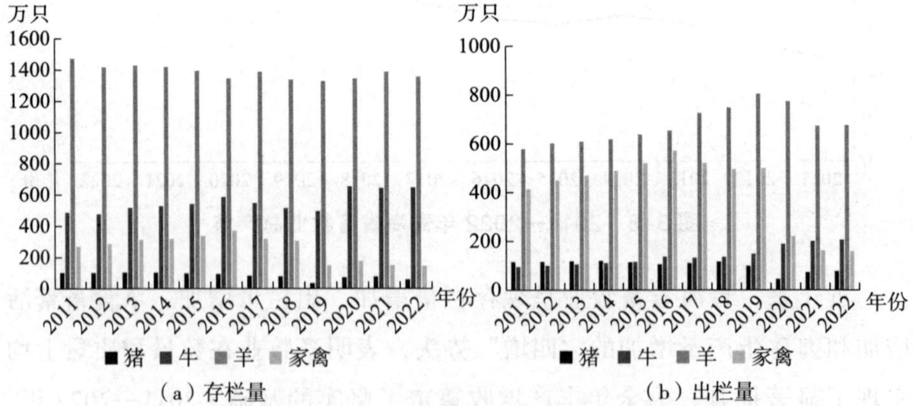

图 3-9　2011—2022 年青海省猪、牛、羊和家禽的存栏量与出栏量

表 3-5 显示了青海省 2011—2022 年肉类、奶类、羊毛及禽蛋的产量变化情况。

肉类产量：从 2011 年的 28.84 万吨稳步增长至 2022 年的 41.00 万吨，

2011—2019 年年均增长率约为 3.7%，增长趋势显著。

奶类产量：从 2011 年的 28.53 万吨上升至 2020 年的 36.90 万吨，但 2021 年和 2022 年分别小幅下滑至 35.60 万吨和 35.30 万吨。2011—2013 年奶类产量较为稳定，2013—2017 年呈现较快增长趋势，2017—2018 年稍有回落，2018—2020 年又再次增长。

羊毛产量：从 2011 年的 19411 吨降至 2022 年的 13403 吨，呈现下降趋势，尤其是 2014 年后显著减少，可能与市场需求变化及养殖结构调整有关。

禽蛋产量：从 2011 年的 17553 吨下降至 2022 年的 14933 吨，整体呈波动状态，2017 年达到峰值 24600 吨，随后逐步下降。

在碳达峰碳中和的背景下，青海省应在保障畜产品产量稳步增长的同时，着力降低温室气体排放。通过推广绿色养殖技术和加强政策扶持，青海省有望实现畜牧业的可持续发展，为我国“双碳”目标的实现贡献力量。

表 3-5　2011—2022 年青海省畜产品产量

年份	肉类产量（万吨）	奶类产量（万吨）	羊毛产量（吨）	禽蛋产量（吨）
2011	28.84	28.53	19411	17553
2012	30.50	29.40	19149	20054
2013	32.00	28.70	19308	22622
2014	33.40	31.30	18438	21800
2015	34.80	32.70	18675	22600
2016	36.00	34.20	18813	23900
2017	38.30	34.60	19089	24600
2018	36.50	33.50	18655	23300
2019	37.40	35.50	19441	23400
2020	37.00	36.90	15440	14020
2021	40.00	35.60	14117	13714
2022	41.00	35.30	13403	14933

近年来，青海省在畜牧业方面取得了显著进展，主要体现在结构调整与优化、科技创新、政策支持和市场需求 4 个方面。

第一，结构调整与优化。青海省以打造绿色有机农畜产品输出地为目标，大力推进生态畜牧业和农区规模化标准化养殖，推动畜牧业由传统向现代、由注重数量向注重质量转变。通过推广绿色养殖技术，如合理饲养密度、科学饲料配方和疾病综合防治，减少碳排放，提升畜牧业质量和效益，同时保护生态环境。这些优化措施显著增强了畜牧业的竞争力和可持续性。

第二，科技创新。青海省高度重视科技创新，通过搭建科技平台、组建专业团队并完善科技创新体系，强化科技对现代畜牧业的支撑作用。利用物联网、大数据等现代信息技术手段，实现畜牧业生产的精细化管理，提高资源利用效率，减少碳排放。同时，推广节能、减排、环保的新技术和新设备，进而推动畜牧业向高质量发展。

第三，政策支持。青海省出台了一系列政策措施，大力支持高原特色畜牧业的高质量发展。例如，通过实施化肥农药减量增效行动、追溯体系建设等措施，不断提升畜产品质量安全和可追溯性；同时，加大饲草料储备和补饲力度，确保畜产品的稳定供应。此外，通过资金扶持和税收优惠等政策措施，鼓励企业和农户积极采用绿色养殖技术。《青海省动物疫病净化实施方案（2022—2025 年）》明确指出，以种畜场、奶畜场为核心，重点净化人畜共患病、重大动物疫病和垂直传播疫病，设定了到 2025 年的具体目标，为绿色有机农畜产品输出地建设提供有力支撑。

第四，市场需求。随着消费者对高品质、绿色有机畜产品需求的不断增长，青海省畜牧业市场前景越发广阔。其独特的地理环境和气候条件赋予了畜产品独特品质和口感，深受消费者青睐。特色农畜产品，如牛羊肉、乳制品等在省内外市场备受追捧，为畜牧业的持续发展提供了广阔空间。

总之，在科技创新、政策支持和市场需求的推动下，青海省畜牧业呈现稳中有进、稳中向好的发展态势。未来，青海省将继续优化畜牧业结构，提升质量和效益，为乡村振兴和农业农村现代化作出更大贡献。

3.1.4 青海省第二产业现状

2021 年 6 月 7—9 日，习近平总书记在视察青海时强调，生态是我们宝贵的资源和财富，必须坚决落实好国家生态战略，切实守护好自然生态。在这一重要指示精神指引下，青海省在生态保护与产业发展协同推进方面积极探索实践。如图 3-10 所示，2023 年青海省第二产业增加值达到 1612.83 亿元，年均增长率为 4.1%，相比 2022 年增速有所放缓。

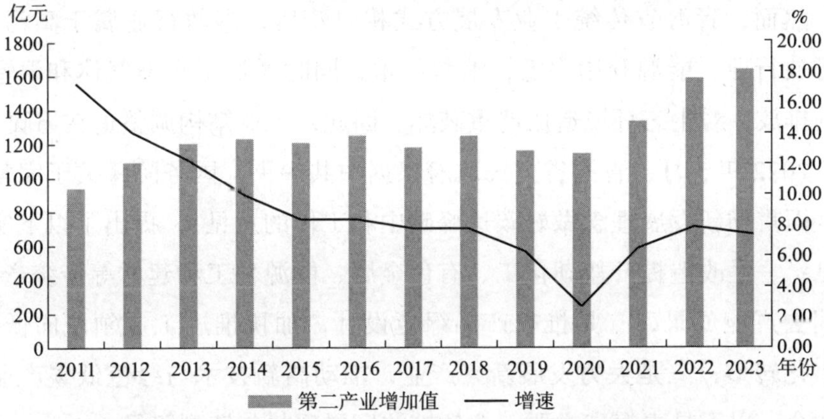

图 3-10 2011—2023 年青海省第二产业增加值及增速

数据来源：《青海统计年鉴 2023》。

当前，青海省产业结构调整聚焦于逐步淘汰高耗能、高排放产能，减少碳排放量。在此过程中，严格控制高耗能、高排放行业发展，大力发展清洁能源，提升低耗能、低排放行业比重。

早些年，青海省凭借自身的资源优势，大力发展钢铁、水泥、有色、化工等传统高耗能行业，这些行业对生态系统造成了直接破坏，对生态系统产生了负面影响。然而，随着生态理念、环境保护意识以及“双碳”目标意识的不断提升，青海省充分发挥自身得天独厚的资源优势，集中开发太阳能、风能、地热能、水能等清洁能源，降低对传统能源的依赖，有效解决了不可再生资源枯竭问题。这一举措从源头上减少了碳排放，对实现“双碳”目标、促进我国能源结构低碳转型具有重要意义。

（1）青海省工业领域“双碳”转型与发展

工业领域是碳排放的主要来源，也是实现“双碳”目标的关键。近年来，青海省工业发展的重点是构建“5+4+2”工业体系，即推动盐湖工业、有色冶金、能源化工、特色轻工、建材产业五大传统产业提质增效，大力发展新能源、新材料、电子信息、高端装备制造四大战略性新兴产业，同时催生节能环保、信息技术应用两大工业新业态。目前，青海省工业脱碳转型正在稳步推进。

然而，青海省传统工业发展方式相对落后，多数行业属于高污染、高排放行业，能源利用率低，浪费严重，同时增加了污染气体和温室气体的排放，对生态环境造成严重破坏。因此，工业结构调整迫在眉睫。

2022 年 3 月，青海省人民政府根据中共中央、国务院《关于完整准确全面贯彻新发展理念做好碳达峰碳中和工作的意见》，提出了以下实施意见：一是改造提升盐湖化工、有色金属、能源化工和建材等传统产业，巩固去产能成果；二是推行产品绿色设计，加快推进工业领域向低碳、数字化转型；三是大力发展新兴产业，推动高新技术与绿色低碳产业深度融合。以下是青海省主要工业领域的发展现状与转型路径。

第一，盐湖化工领域的发展现状与转型路径。盐湖是咸水湖的一种，也是重要的矿产资源，矿化度大于 35 克 / 升。中国四大盐湖中有两个位于青海省，它们分别是茶卡盐湖和察尔汗盐湖，盛产钾盐、食盐，以及镁、锂、硼、碘等多种矿产。习近平总书记两次视察青海时强调，盐湖资源是青海省的第一大资源，要处理好资源开发与环境保护的关系，加快建设世界级盐湖产业基地。

2021 年 11 月，《青海建设世界级盐湖产业基地行动方案（2021—2035 年）》发布，明确了青海盐湖产业的发展方向。该方案计划到 2025 年，盐湖资源配置进一步优化，世界级盐湖产业基地建设初见成效；到 2030 年，盐湖产业结构持续优化，产业基地初具规模；到 2035 年，全面建成世界级盐湖产业基地。该方案提出通过研究清洁能源电解水制氢气技术、突破二氧化碳补集回收等关键技术，为精细化学品、高端新材料及氢能源等领域提供原料支撑，助力青海盐湖产业实现“双碳”目标。

2024 年，青海省科技厅将助力盐湖化工产业转型升级，重点支持盐湖镁产业创新发展，同时兼顾锂、钾、铷、铯、溴等资源开发，力争通过科技创新突破金属镁一体化产业的技术瓶颈。

第二，有色冶金领域的发展现状与转型路径。有色金属是指除黑色金属外的重金属、轻金属及贵重金属的统称。有色冶金工业是通过物理、化学方法从有色金属矿及废料中提取有色金属的开采与加工过程。作为青海省四大支柱产业之一，有色冶金在青海传统工业中占据重要地位。青海省最大的有色金属矿位于柴达木盆地北部的锡铁山铅锌矿，该矿区是中国储量最大的铅锌矿矿区，伴生金、银、铜、锡等多种有色金属。

有色冶金工业属于高污染、高排放行业，是碳排放的主要来源。这种粗放型发展模式与青海省当前的绿色低碳发展理念不符，转型迫在眉睫。以锡铁山铅锌矿为例，该矿区自觉践行“绿水青山就是金山银山”理念，坚持“在保护中开发、在开发中保护”，通过引进先进技术和设备，提高有色金属利用效率和回收利用率，改进燃烧方式，提高炉窑热效率，充分利用空压余热，优化供配电系统，推行间断式供暖和错峰用电制度，每年节约用电 135.84 万千瓦·时，减少二氧化碳排放 789.23 吨。同时，矿山回水利用率超过 85%，成为戈壁荒漠中的绿色矿山。

通过结构调整和技术升级，青海省有色冶金工业逐步改善了技术设备落后、排放高、耗能高的局面，为实现“双碳”目标提供了有力支撑。

第三，能源化工领域的发展现状与转型路径。能源化工是将各种能源转化为二次能源的工业生产部门。青海省传统的能源化工主要包括石油工业和煤炭工业。

石油工业是青海省四大支柱产业之一，被誉为现代工业的“血脉”和经济的“命脉”。青海油田位于柴达木盆地西北部，是全国第四大气田，已有70年的开发历史。2022年，青海油田原油日产量从年初最低的5930吨上升到最高的6890吨，创下历史新高，连续24年保持200万吨以上稳产；天然气产量达到62亿立方米，连续13年保持60亿立方米以上稳产。

为助力“双碳”目标，青海油田将新能源综合利用纳入发展规划，启动了压缩空气储能、天然气压差发电、光热替代利用等科研课题研究。通过技术改良和精细化管理，青海油田在2023年全年节电357.8万千瓦·时，注水量达到2.8万立方米以上，完成计划的103%。通过强化注水专项，自然递减率同比下降1.1个百分点，成为油田稳产的关键。

煤炭是青海省的重要化石能源之一，但过度开采和燃烧会严重破坏大气与水资源。为解决煤炭行业过剩问题，青海省围绕深化工业领域供给侧结构性改革，推动煤炭产业结构优化和转型升级。通过引导企业主动退出、升级改造、少量保留的方式，青海省计划实现全省煤矿产能全部达到或超过年产30万吨的目标。2022年，青海省原煤产量为772.95万吨，同比下滑17.5%。尽管煤炭产量有所下降，但作为碳排放的主要来源，煤炭清洁高效利用仍是青海省煤炭工业转型的立足点，并将在未来能源结构转变中发挥重要支撑作用。

第四，特色轻工领域的发展现状与转型路径。轻工业主要指生产消费资料的工业，根据原材料可分为以农产品和非农产品为原料的轻工业。青海省特色轻工业主要包括以藏毯为代表的毛纺织业、以柴达木枸杞为代表的农产品加工业、以牦牛乳制品为代表的乳制品行业、以中藏药为代表的野生植物加工业以及以唐卡为代表的特色手工业。

2021年，习近平总书记在青海考察时强调，要推动高质量发展，就要善于抓住最具特色的产业和最具活力的企业，以特色产业培育优质企业，以企业发展带动产业提升。青海省轻工业发展过程中主要存在以下问题：首先，现阶段供给无法匹配高质量需求，部分轻工业研发投入不足，产业整体发展水平较低，中高端优质产品有效供给不足；其次，轻工业集约化水平不高，上下游衔接不畅，企业之间缺乏深度交流，抗风险能力较弱；最后，轻工业对包装、皮革、纸质等资源依赖性较强，能源消耗量较大。

《青海省国民经济和社会发展第十四个五年规划和二〇三五年远景目标纲要》提出，要推动特色轻工业提品质、创品牌，并建设高原绿色有机食品加工生产基地。青海省轻工业多依托特色高原农牧产品资源和手工业，工业化水平不高，产品附加值较低，总体碳排放量较少。在提升品牌竞争力和向绿色低碳转型过程中，通过引进先进低碳技术，提高环保包装产业水平，为实现“双碳”目标贡献力量。

第五，建材产业领域的发展现状与转型路径。建材产业主要分为建筑材料及制品、非金属矿物材料和无机非金属新材料三类。作为碳排放较大的行业，建材产业在生产、运输、建造、运行和拆除过程中均会产生二氧化碳，碳减排任务艰巨。

青海省先后制定印发了《关于做好青海省绿色建材评价标识管理有关工作的通知》《青海省绿色建材认证推广应用方案》《青海省绿色建材评价标识申报指南》等政策措施。通过发展绿色新材料、提升产品技术水平等方式，提升能效环保水平，推动绿色建材发展，为实现“双碳”目标和安全高质量发展作出贡献。

综上所述，青海省在“双碳”目标的指引下，积极推动工业领域的结构调整与转型升级。通过优化传统产业、发展新兴产业、推广绿色低碳技术，青海省在盐湖化工、有色冶金、能源化工、特色轻工和建材产业等领域取得了显著进展，为全国的绿色低碳发展提供了有益借鉴。

（2）青海省建筑领域现状

建筑领域的碳排放主要来自两个方面：一是建筑运行阶段的碳排放，包括炊事、热水、分散采暖等活动直接燃烧化石燃料或间接使用电力、热力产生的碳排放；二是建筑物化碳排放，即建筑施工和建材生产过程中产生的碳排放。2021 年 7 月，青海省住房和城乡建设厅发布《青海省住房和城乡建设事业发展“十四五”规划纲要》，提出全面提升建筑领域绿色低碳水平，加快低碳基础设施建设，推广绿色建造方式，倡导绿色低碳生活，并通过以下 3 个方面措施落实“双碳”目标。

第一，推进绿色建筑高质量发展。绿色建筑是指在建筑全生命周期内实现低能耗和环境保护的建筑物，是实现“双碳”目标的重要路径。青海省主要通过以下措施促进绿色建筑发展：①大力发展节能低碳建筑，提升二星级绿色建筑评价标识项目的数量和质量；②全面提升建筑节能标准，城镇新建居住建筑、公共建筑及农村新建住房分别按 75%、65%、50% 及以上节能标准建设；③推广超低能耗建筑技术，重点研究围护结构、可再生能源利用、热回收及高寒地区近零能耗建筑技术；④有序推进既有建筑绿色改造，重点改造大型公共建筑、国家机关办公建筑和城镇老旧小区；⑤加快建筑能源结构调整，优先在居住和公共建筑领域推广可再生能源应用；⑥扩大可再生能源建筑规模化应用，推广太阳能光热、光电及空气能热泵等技术。

第二，加强绿色基础设施建设。绿色基础设施是与“灰色基础设施”相对的概念，包括绿道、排水道、公园、乡土植被等，是实现建筑领域节能减排的关键。青海省的绿色基础设施降碳行动包括：①采用低冲击开发模式，推进西宁市、海东市、海西州海绵城市建设；②完善城乡绿化网络体系，增加绿地面积，提高绿地服务半径覆盖率，建设精品绿地和公共敞开空间；③构建绿色交通体系，完善非机动车道和绿道，优化道路通行环境，扩大沿线绿化覆盖范围。

第三，促进绿色建筑转型发展。绿色建筑的推广是社会对节约资源、减少污染需求的体现。青海省的绿色建筑转型行动包括：①加强绿色规划和统筹，提高绿色建造的顶层设计水平；②推进绿色建材认证和推广应用，建立绿色建材采信机制，在重点项目中优先使用绿色建材；③强化建筑垃圾资源化利用，减少建筑垃圾排放，完善资源化循环利用模式；④推广绿色施工方式，发展低环境影响和资源高效利用的施工技术体系，提升绿色施工管理水平。

3.1.5 青海省第三产业现状

青海省传统服务行业在稳步发展的同时，金融业、信息服务业、生态旅游业、文化传媒业及房地产业等新兴服务行业也实现了飞速增长。如图 3-11 所示，2022 年青海省第三产业增加值达到 1644.2 亿元，比 2011 年增长 979.6 亿元，增长 1.47 倍。

第三产业的蓬勃发展对实现“双碳”目标具有双重影响。一是积极影响。服务业通过提升产品附加值和利用生态优势，助力低碳发展。例如，青海省通过打造“国际生态旅游目的地”，降低能耗和碳排放，推动绿色经济增长。二是挑战。服务业中的交通运输、仓储和邮政业作为碳排放三大行业之一，是青海省第三产业主要的碳排放来源，对实现“双碳”目标提出了挑战。

因此，青海省在推动第三产业发展的同时，需重点关注高碳排放行业的减排措施，以实现经济增长与低碳发展的平衡。

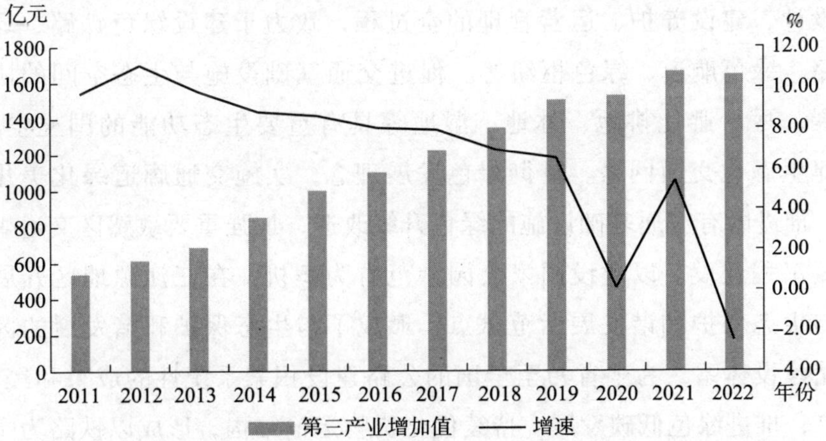

图 3-11 2011—2022 年青海省第三产业增加值及增速

数据来源：《青海统计年鉴 2023》。

（1）青海省交通领域现状

交通领域作为中国碳排放的三大主要领域之一，其碳排放量占全国碳排放总量的 10% 左右，因此，交通领域的碳减排工作迫在眉睫。

在青海省，交通运输厅获得的中央车购税补助资金同比增长 12.9%，公路货运量同比增长 20.9%。高速（含一级）公路里程突破 5000 千米，提前两年实现“十四五”规划目标。在全国 60 个城市参与竞争的情况下，兰州—西宁综合货运枢纽成功脱颖而出，荣获 2023 年国家综合货运枢纽补链强链支持城市称号。此外，在三江源地区成功探索运用“路面冷再生”技术，对 1000 千米砂石路段进行试点改造，这一系列举措使青海省在绿色协调创新发展方面迈出了更为坚实有力的步伐。

2023 年 5 月，青海省政府办公厅印发的《青海省综合立体交通网规划纲要》明确提出要推进绿色发展。具体措施如下：第一，强化交通基础设施的生态保护与修复。牢固树立生态优先理念，引导交通基础设施项目进行科学合理选址，确保符合国土空间规划中统筹“三条控制线”等空间管控要求。将生态环境保护理念贯穿交通基础设施规划设计、建设养护、运营管理的全过程，致力于建设绿色铁路、绿色公路、绿色航道、绿色枢纽等。促进交通基础设施与生态空间的协同发展，尽量避让耕地、林地、湿地等具有重要生态功能的国土空间，构建生态化交通网络。贯彻绿色发展理念，实施交通廊道绿化美化行动，推进既有交通基础设施的绿色升级改造，加强重要敏感区交通生态修复工程建设。以建设国家公园示范省为契机，在三江源地区开展公路与生态保护和谐发展示范试点，形成了与生态保护和谐发展的区域公路建设体系，为全省乃至全国的公路建设积累系统性的成果和经验。第二，推进绿色低碳发展。持续优化货物运输结构，形成以铁路为主的大宗货物和集装箱中长距离运输格局。推进多式联运型和干支衔接型物流园区建设，推动城市绿色货运配送发展，提升运输组织效率和绿色化水平。构建绿色出行体系，深入实施公交优先发展战略，大力发展共享交通，加强城市慢行系统建设，鼓励公众绿色出行。实施黄河流域高质量发展提升工程，不断增强交通运输绿色可持续发展能力，建立清洁低碳的污染防治体系。本部分主要通过货运量、客运周转量来介绍青海省的降碳行动。

货运量：货运和客运行业是公路运输中碳排放的重点领域，衡量货、客运行业最常见的指标为货运量和客运周转量。货运量又称运输量，是指商品运输中准备或已经运输的货物重量。根据不同的交通方式，分为铁路运输量、公路运输量、水路运输量等，计量单位一般为吨或万吨。公路是青海省最主要的交通运输方式。2023 年，青海省新改建农村公路 3600 千米，新增 8 个乡镇通三级公路、200 个自然村通硬化路。如图 3–12 所示，自 2011 年起，青海省货运量整体呈现稳定上升态势，年均增速为 5.92%。2020 年，货运量较 2019 年下降了 25.77%，主要原因是新冠疫情导致预期需求减弱，进而减少了货运服务，公路、铁路、航空公司也相应暂停了一些货运业务。

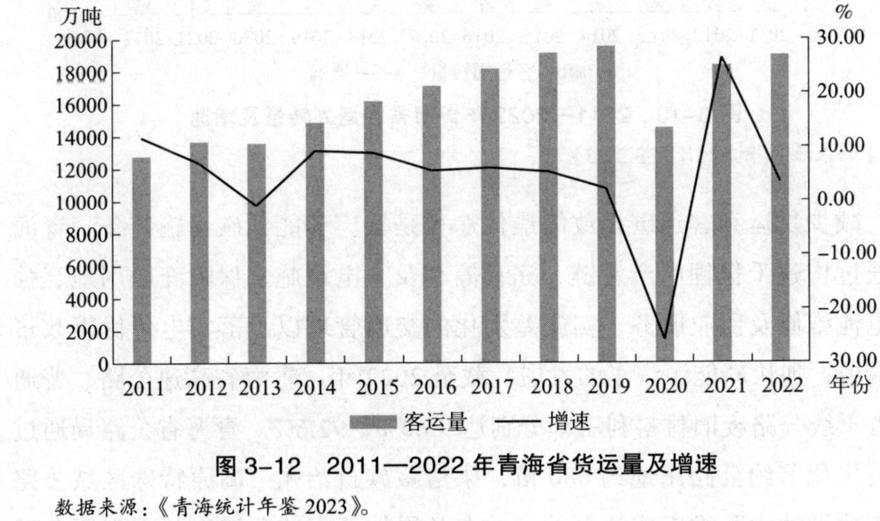

图 3–12　2011—2022 年青海省货运量及增速

数据来源：《青海统计年鉴 2023》。

客运周转量：在一定时期内运送旅客数量与平均运距的乘积，其计量单位是“万人公里”。客运周转量能够较为全面地反映运输的产品数量，是考核运输生产的重要指标，也是运输部门核算运费、计算运输成本和劳动生产率的依据。如图 3-13 所示，自 2011 年起，青海省客运周转量及其增速与货运量趋势相同，客运周转量整体呈稳定上升态势，年均增速为 11.68%。受新冠疫情影响，2022 年青海省客运周转量较 2021 年下降了 51.6%。

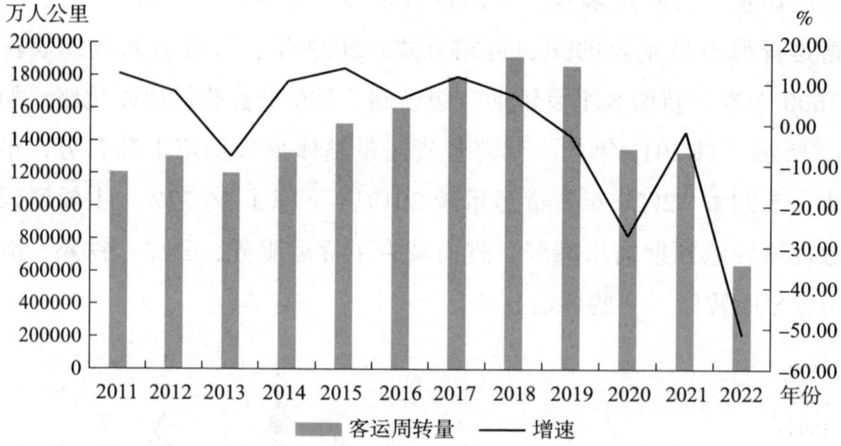

图 3-13 2011—2022 年青海省客运周转量及增速

数据来源：《青海统计年鉴 2023》。

减少货运和客运碳排放的最佳途径是推广节能低碳运输装备。青海省通过构建千亿锂电产业链、完善停车及充电设施、保障充电用地、强化电池维修及回收服务、实施差别化的交通管理以及落实电价优惠政策等措施，加快新能源汽车的发展。截至 2022 年，青海省高速公路、普通国省干线公路废旧材料利用率分别达 95.0%、92.6%。青海省公路局通过线位优化节约公路用地约 680 亩，果洛藏族自治州“高原特殊区域公路生态建设技术”推广成效显著。试点开展加西高速公路巴扎零碳服务区建设，填补了青海省零碳服务区的空白。全省新能源和清洁能源公交车、出租车占比分别达到 97.3%、78.0%，西宁市新能源公交车占比同比增长了 26.2%。

（2）青海省战略性新兴产业现状

战略性新兴产业代表新一轮科技革命的发展方向，具有知识技术密集、低碳环保、产出效率高以及发展潜力大等显著特征，是引领未来一段时期经济发展的关键力量。党的十八大以来，青海省积极响应国家战略部署，大力推动战略性新兴产业发展，致力于将那些具备基础、优势与竞争力的新兴产业做大做强。其主要发展领域涵盖新能源、新材料、电子信息技术以及高端装备制造等多个方面。通过持续加强关键共性技术与核心技术攻关，加速科技成果的产业化进程，并鼓励企业对现有生产设备、工艺路线以及产品质量等关键环节进行改造提升，青海省紧紧抓住碳减排这一历史机遇，进一步推动了绿色发展。

青海省战略性新兴产业主要分为以下五大板块：新能源产业、新材料产业、电子信息产业、绿色算力产业以及高端装备制造业。

第一，新能源产业。新能源是指近期开发或正在开发的、具有广阔前景的能源，可分为一次能源（如太阳能、水能、风能）和二次能源（如太阳能发电、水电、沼气）。青海省凭借其独特的地理位置和自然条件，拥有丰富的新能源资源：①水资源储量丰富，河流水能蕴藏量超过 2000 万千瓦；②太阳辐射年总量位居全国第二；③风能总储量超过 4 亿千瓦；④地热岩温度最高达 650℃。

截至 2022 年底，青海省清洁能源装机占比达 92.8%，绿色电力发电占比达 84.5%，均居全国首位。如图 3–14 所示，2022 年青海省清洁能源发电量达 701 亿千瓦·时，其中“绿电”成功点亮了杭州亚运会场馆。2018 年以后，清洁能源发电量快速增长，年均增速达 17.15%。

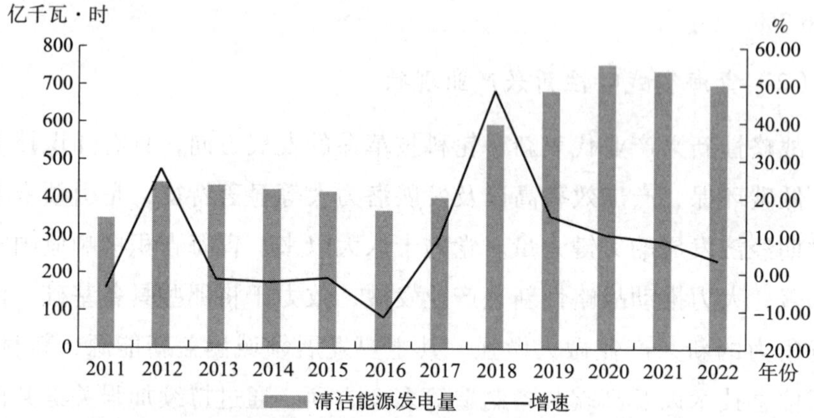

图 3-14　2011—2022 年青海省清洁能源发电量及增速

数据来源：《青海统计年鉴 2023》。

2021 年 7 月，青海省政府发布《青海打造国家清洁能源产业高地行动方案（2021—2030 年）》，明确提出：①推进光伏发电和风电基地化、规模化开发；②深度挖掘黄河上游水电潜力；③大力发展地热能等其他清洁能源。

2023 年 8 月，青海省发展和改革委员会发布《青海省能源领域碳达峰实施方案》，明确提出：①集约化发展风电光伏，加快海南戈壁基地、柴达木沙漠基地建设；②因地制宜发展分布式新能源，稳妥推进光热发电；③提升可再生能源供热能力，探索电动汽车有序充放电模式；④推进清洁能源技术创新，提高光伏转换效率；⑤依托青海省能源大数据中心和智慧“双碳”平台，构建能源数字“双碳”服务支撑生态系统。

大力发展新能源产业对构建现代能源体系、打造国家清洁能源产业高地具有重要意义，同时也为全国“双碳”目标的实现贡献“青海力量”。

第二，新材料产业。新材料是指近期开发或正在开发的、具有优异的机械性能（如硬度、强度、韧性、耐磨性、疲劳特性）和物理效能（如温度、压力、光、电功能）的前沿材料。近年来，青海省新兴产业快速发展，新材料产业聚焦四大重点方向。一是锂电材料，大力发展磷酸铁锂、三元电池等新材料；二是新型合金材料，重点发展铝基、钛基、镁基复合材料和锂镁合金；三是新型化工非金属材料，重点开发高端镁系耐火材料、聚苯硫醚、树脂基碳纤维增强复合材料等产品；四是新型光电材料，重点发展单晶硅、多晶硅及LED芯片等产品。

新材料在航空航天、轨道交通、船舶、汽车等领域可替代传统材料（如蓄电池、石棉、钢材），并在节能减排中发挥关键作用，是实现“双碳”目标的重要支撑。

第三，电子信息产业。电子信息产业包括电子信息制造业和软件与信息技术服务业。①电子信息制造业，研制和生产电子配件及设备的工业；②软件与信息技术服务业，利用计算机和网络技术对信息进行生产、加工和处理的产业。

青海省电子信息产业主要聚焦六大领域：大数据、工业互联网、5G、智能终端、信息安全和藏文软件。发展重点包括：①推动信息技术与制造业融合；②建设工业互联网标识解析二级节点并实现产业化应用；③推进企业设备联网上云及业务系统云化迁移。

尽管电子信息产业整体能耗较低，但在生产和产品使用过程中仍存在碳排放。一是生产碳排放，来自产品制造过程中的提纯、熔炼等环节；二是产品碳排放，来自民生消费过程中的间接排放。

通过绿色设计、绿色制造等方式，可以有效减少电子信息产业的碳排放。

第四，绿色算力产业。在数字化时代，“算力”作为新质生产力，对经济增长具有倍增和持续的推动作用，是支撑区域发展的核心动力，也成为各地数字经济战略竞争的新焦点。东部地区电力需求旺盛，而青海高原具有冷凉气候、超低绿电价格等独特优势。青海省抓住国家实施“双碳”战略和“东数西算”工程的重大机遇，发挥清洁能源等优势，全力培育壮大绿色算力产业，这是青海省的绝佳选择。

自2020年国家启动“东数西算”工程以来，全国算力竞争的序幕正式拉开。截至2023年底，青海省已建成4.3万标准机架的数据中心，新增智能算力规模达到280PFLOPS。2023年12月，西宁国家级互联网骨干直联点正式开通运行，标志着青海省正式跻身全国互联网顶层架构节点行列。截至2024年3月，青海省上线了全国首个清洁能源供电感知平台，建成了全国首个清洁能源电力可溯源的绿色数据中心，累计核发新能源绿证超过650万张，新能源上网电价全国最低，绿色算力产业发展的成本优势十分明显。在各方共同努力下，青海绿色大数据中心、重庆亿众“丝绸云谷”低碳算力产业园、青藏高原生态大数据中心、青海昆仑智能算力中心、国家超级计算无锡中心青海大学分中心等一批重大项目相继落地建设。

2024年3月28日，青海省绿色算力产业专家委员会第一次会议在北京召开。当前，青海省正处于历史上最好的发展时期，清洁能源和绿色算力也迎来了黄金发展窗口期。加快发展以绿色算力为引领的新质生产力，既符合习近平总书记对青海工作的重大要求，也契合青海协调推进高水平保护和高质量发展的现实需要。

第五，高端装备制造业。高端装备制造业是指装备制造业中技术密集型、知识密集型、高技术、高附加值的领域。高端装备既包括传统装备的转型升级，也涵盖高技术新兴产业所需的装备。大力发展高端装备制造业，有利于提升制造业的核心竞争力，对我国未来经济发展具有重要的战略意义。

青海省的高端装备制造业主要涵盖11个领域：新能源汽车、智能制造装备、新能源发电及储配装备、大型铸锻件、节能环保设备、工业装备、生物制品加工及防疫器械、特色生态及农机装备、无人机通用航空装备及北斗导航终端、轨道交通装备以及退役装备资源化。其中，重点的发展方向包括拓展节能环保设备、特色生态和农机装备、工业装备、轨道交通装备及退役装备资源化等领域的设备开发，并通过智能化、数字化技术对现有高速铁路专用机床、多轴联动系列加工中心进行改造提升。

绿色低碳转型的根本在于技术转型。高端装备制造业为零碳能源发展和社会进步提供装备与技术支撑，是实现“双碳”目标的关键所在。

3.1.6 青海省第二、第三产业融合现状

新业态是在新一代工业技术革命以及第二、第三产业融合发展的背景下，以市场需求为中心，以技术创新为核心产生的新型经济或产业形态。持续推进新一轮科技革命和产业融合，拓展新业态新模式，为青海省实现“双碳”目标开辟了新的发展路径，开创了绿色发展新格局。

青海省新业态主要分为节能环保产业和信息技术应用产业两大领域。

第一，节能环保产业。节能环保产业是指通过较少的能耗生产相同数量的产品，旨在保护资源环境、减少污染的产业。青海省在铁合金、电解铝、锂电、水泥等行业取得了显著成效。例如，在铁合金行业，通过试点推广电机变频改造、余热发电、尾气净化等节能技术，实现了节能减排；电解铝行业通过淘汰落后产能、延长产业链，向规模化、集约化发展；锂电行业研制出的4微米铜箔技术已达世界领先水平。此外，水泥行业推广了第二代新型干法烧成技术，形成了节能环保、低碳集约的现代绿色水泥生产线。这些措施不仅推动了高污染、高排放企业的转型，还扩大了低碳产品的供给，促进了减污降碳协同增效，满足了多元化的低碳生产和消费需求。

第二，信息技术应用产业。信息技术应用产业是青海省推动产业数字化转型的关键领域。近年来，青海省加快向数字化、网络化、智能化转型，推动信息技术与生态文明建设深度融合。例如，在科技文旅领域，“基于区块链技术的民族文化资源版权保护系统研制与应用”项目形成了文化资源版权元数据库，并在唐卡、青绣等特色文化领域进行了示范应用，填补了民族文化作品版权保护的空白。此外，2021年第22届青洽会展示了5G智能体感机器人、无人智能摄像机以及盐湖工业互联网平台等多项现代技术应用，标志着青海省信息技术领域进入了快速发展阶段。

青海省正经历着一场深刻的“信息技术”变革，依托信息技术的力量，促进降碳技术的深度融合，为实现“双碳”目标提供有力支撑。

3.2 青海省能源消费现状

3.2.1 青海省能源消费结构现状

2023 年 12 月，中国国家主席特别代表出席了在迪拜举行的联合国气候变化大会（COP28），在世界气候行动峰会上表示：中国一直重信守诺，为全球气候治理作出重要贡献。2022 年，中国二氧化碳排放强度较 2005 年下降超 51%，新能源汽车保有量超 1800 万辆，占全球一半以上。非化石能源装机占比达 50.9%，全面停止新建境外燃煤电厂，并供应全球 50% 的风电和 80% 的光伏设备。

这一目标对青海省能源发展提出了更高要求，同时也带来了机遇与挑战。在“双碳”目标的推动下，青海省作为能源消费大省，对清洁能源的需求日益增长，为其清洁能源发展提供了新的机遇。然而，青海省也面临创新驱动能力不足、多数清洁能源产业处于产业链低端等挑战，能源结构亟待调整。

（1）青海省化石能源消费

世界气候行动峰会提出的目标主要通过减少化石燃料、提高非化石能源比重来实现。化石燃料包括煤炭、石油和天然气，燃烧过程中会产生大量污染物和碳排放。青海省在化石能源结构调整上采取了以下措施。

第一，加快煤炭减量步伐，优化煤炭产业布局。已完成 30 万吨 / 年以下煤矿去产能任务，持续推进供给侧结构性改革。依据煤炭矿区规划和资源环境承载力，适度开采煤矿资源，积极推进绿色矿山建设工作。

第二，加大油气开发力度，推进“煤改气”工程。建设高原千万吨级油气当量勘探开发基地，筑牢国家后备能源基础。鼓励新、老区油田积极开展二氧化碳捕集、封存及驱油技术示范与创新。配套进行天然气管网改造升级，淘汰黄标车，实现天然气覆盖管网内“煤改气”工程的全覆盖。

第三，提升油气储备能力，建立健全储备运行机制。发展现代煤炭物流，构建产运需有效衔接的煤炭物流网络体系。加强煤炭节能降耗，建立煤炭、天然气储备轮换机制，科学确定轮换周期和方式，确保能源储量和质量。

（2）青海省非化石能源

非化石能源是指除煤炭、石油、天然气等化石能源以外的可再生能源。青海省通过以下措施提高非化石能源比重。

第一，提高终端低碳化电气化水平。推动新兴产业优先使用非化石能源，进一步促进了传统资源向清洁资源转换。完善城乡区域电网建设，发展与现代农牧业相融合的分布式光伏、分散式风电及微网系统。

第二，探索氢能绿色开发技术。探索氢能在电力、工业、交通、建筑等领域的应用，并开展储氢技术研究。推动氢能在盐湖工业等领域替代煤炭等化石能源的试点示范工作。

第三，加快清洁化供热。实施三江源地区清洁取暖工程，采用电能替代的方式进行清洁供暖改造。加快西宁、海东等人口集中区燃煤供暖锅炉的清洁化改造或淘汰分散燃煤设施。因地制宜开展农牧区被动式太阳能暖房改造试点，鼓励地热资源丰富的地区开发地热和干热岩供热。

（3）青海省能源消费结构

2011—2022 年，青海省能源消费量总体呈现增长的趋势。能源消费量从 2011 年的 3145.28 万吨标准煤提高到 2022 年的 4798.04 万吨标准煤，增长了 52.55%（见图 3–15）。

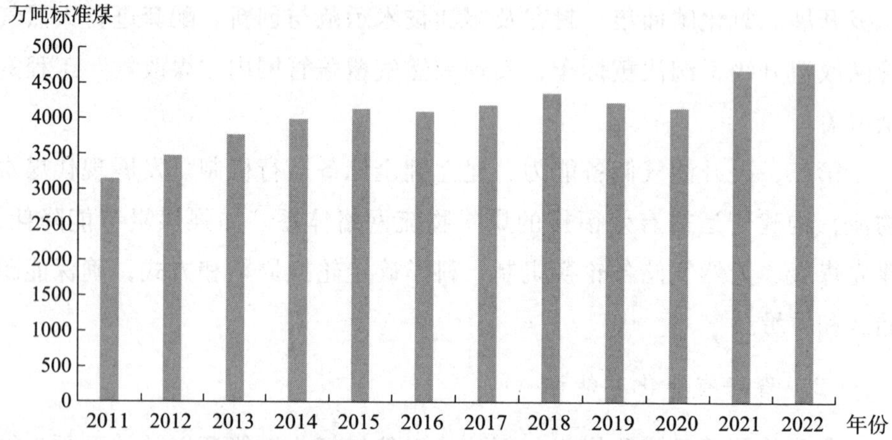

图 3-15　2011—2022 年青海省能源消费量

数据来源：《青海统计年鉴 2023》。

2011—2022 年青海省各类能源燃料消费量如图 3-16 所示。由图 3-16 可知，原煤的消费量整体呈现先上升后下降的趋势，在 2016 年达到高峰 559 万吨标准煤，之后呈现下降的趋势。焦炭和柴油的消费量呈现波动上升的趋势。电力和天然气作为较为清洁的能源，它们的消费量整体呈现平稳上升的趋势，表明青海省在逐步增加清洁能源的使用。原油、汽油、煤油、燃料油、液化石油气等能源的消费量相对较低，但也呈现一定的增长趋势。

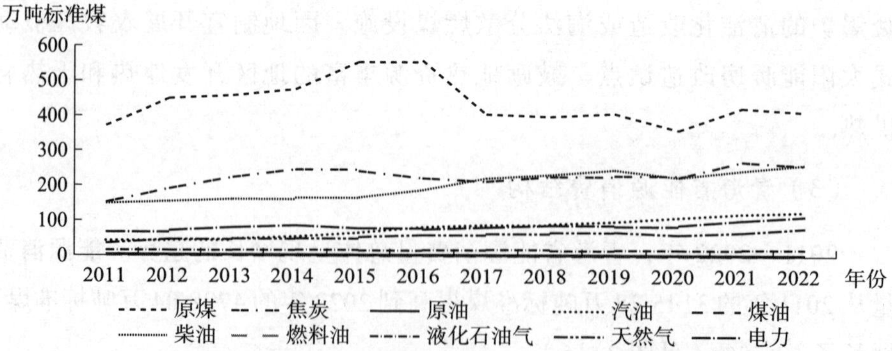

图 3-16　2011—2022 年青海省各类能源燃料消费量

数据来源：《青海统计年鉴 2023》。

从图 3-16 可以看出，青海省的能源消费结构正在逐步优化，清洁能源的消费量在增加，而传统化石能源的消费量则在减少或保持稳定。

这些变化趋势反映了青海省在积极响应习近平总书记关于生态保护的重要指示精神，积极推进产业结构调整，逐步淘汰高耗能、高排放产能，减少碳排放量，大力发展清洁能源，提升低耗能、低排放行业比重的措施。这些措施有助于青海省实现“双碳”目标，促进能源结构的低碳转型，同时也有助于保护和改善生态环境。

《青海省能源统计年鉴》（2012—2023）记录了分行业终端能源消费总量及主要能源品种的消费量，涵盖三次产业的主要行业领域。本节依据以下标准对三次产业的主要能源消费量进行了梳理：第一产业包括农林牧渔业，第二产业包括工业和建筑业，第三产业包括交通运输、仓储、邮政、批发零售、住宿和餐饮等行业。同时，本节汇总了三次产业的能源消费品种和消费量。

统计年鉴中的能源平衡表记录的是能源实物消费量。由于碳排放量测算使用的 IPCC 碳排放因子和碳排放系数均以标准煤为单位，本节将依据标准煤折算系数，将实物消费量折算为标准煤，为后续三次产业碳排放量的测算做好准备。

2011—2022 年青海省三次产业能源消费量如图 3-17 所示。由图 3-17 可知，青海省三次产业能源消费量总体上呈现缓慢增加的趋势，与第一产业相比，第二产业和第三产业能源消费总量增加的趋势较为明显。三次产业中，第二产业的能源消费量远高于第一产业和第三产业，其次是第三产业、第一产业。青海省第一产业能源消费量从 2011 年的 18.44 万吨标准煤增长到 2022 年的 24.71 万吨标准煤，增长了 34%；第二产业能源消费量呈现波动上升的趋势，2022 年的能源消费量达到了 3708.35 万吨标准煤；第三产业呈现相对较快的增长态势，从 2011 年的 298.28 万吨标准煤增长到 2022 年的 1064.98 万吨标准煤，增长了 2.57 倍。

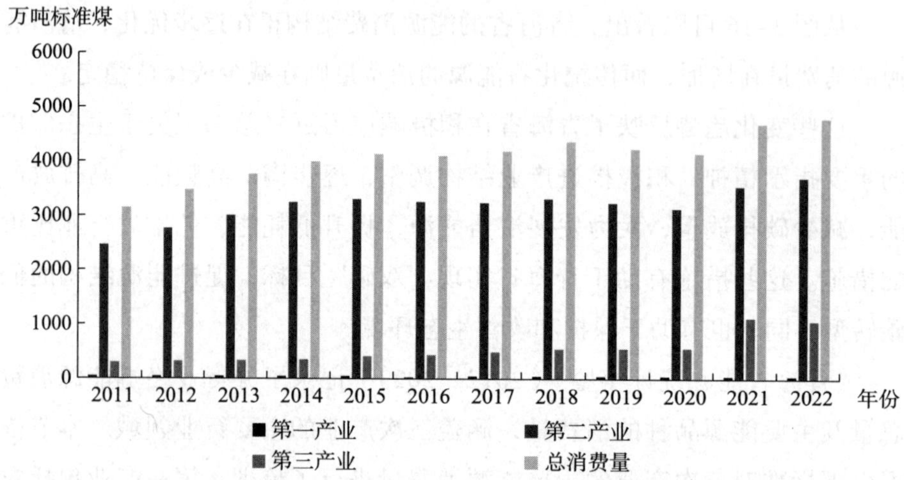

图 3-17 2011—2022 年青海省三次产业能源消费量

数据来源：《中国能源统计年鉴 2023》。

3.2.2 青海省三次产业能源消费现状

（1）青海省第一产业能源消费现状

2011—2022 年青海省第一产业各类能源燃料消费量如图 3-18 所示。从图 3-18 中可以看出，青海省第一产业能源消费量整体较为平稳，但汽油消费量呈现倒“V”形变化。在所有能源种类中，柴油、汽油和原

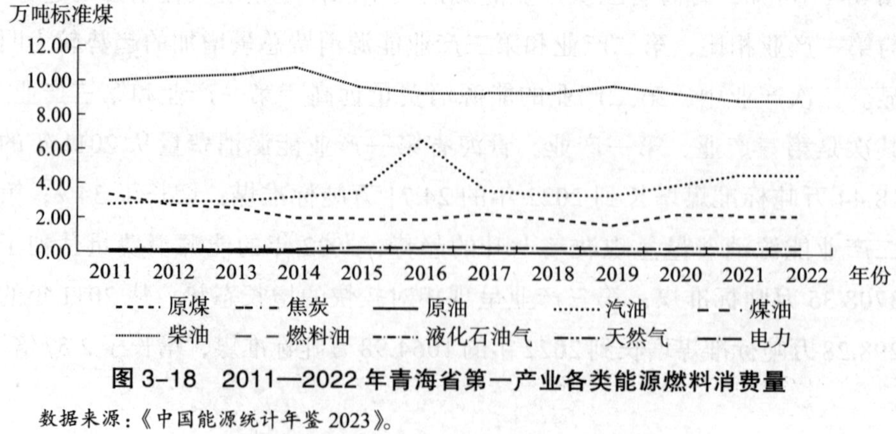

图 3-18 2011—2022 年青海省第一产业各类能源燃料消费量

数据来源：《中国能源统计年鉴 2023》。

煤的消费量一直居青海省第一产业能源消费量的前三位。自 2011 年起，原煤和柴油的消费量呈现波动下降的趋势。

（2）青海省第二产业能源消费现状

2011—2022 年青海省第二产业各类能源燃料消费量如图 3–19 所示。从图 3–19 中可以看出，青海省第二产业能源消费量中，原煤消费量呈现先上升后下降的趋势，于 2016 年达到峰值 456.31 万吨标准煤，随后波动下降。而焦炭和电力的消费量则呈现上升的趋势。其他各类能源燃料消费量总体较为平稳。在所有能源种类中，原煤、焦炭和电力的消费量一直居青海省第二产业能源消费量的前三位。

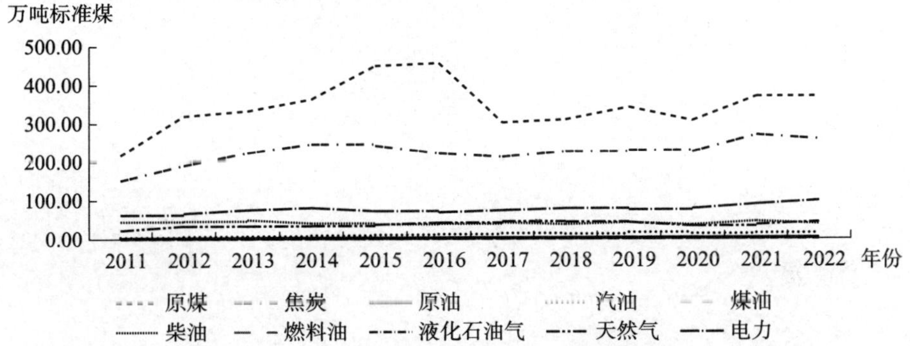

图 3–19　2011—2022 年青海省第二产业各类能源燃料消费量

数据来源：《青海统计年鉴 2023》。

（3）青海省第三产业能源消费现状

2011—2022 年青海省第三产业各类能源燃料消费量如图 3–20 所示。从图 3–20 中可以看出，青海省第三产业能源消费量中，柴油的消费量占据主导地位，原煤消费量呈现下降的趋势。而汽油、天然气和电力的消费量则呈现平稳上升的趋势。其他各类能源燃料消费量总体较为平稳。

在所有能源种类中，柴油和汽油的消费量自 2017 年起一直居青海省第三产业能源消费量的前两位。

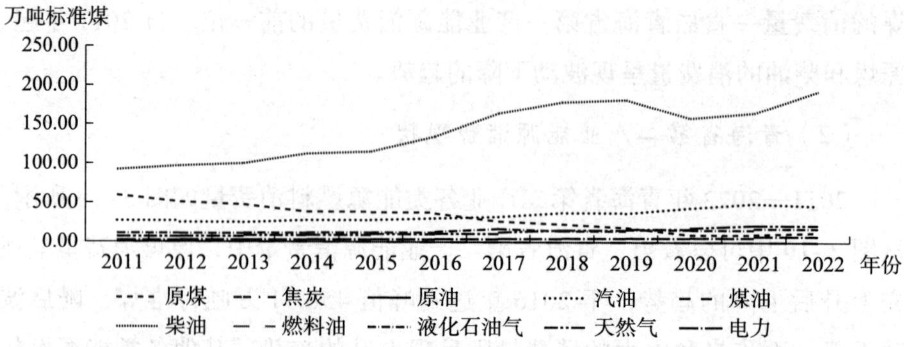

图 3-20 2011—2022 年青海省第三产业各类能源燃料消费量

数据来源：《青海统计年鉴 2023》。

4

青海省碳排放测度

为科学有序地实现“双碳”目标，需明确青海省二氧化碳排放的“碳源”，即全领域化石能源消费量。本章基于碳排放计量模型，测算青海省及三次产业能源消费产生的碳排放量。从“量”的角度做好碳排放测度，是后续准确、科学、合理地开展对青海省碳排放影响因素、碳排放与经济关系、碳排放预测等问题分析的研究前提和基础。

4.1 青海省碳排放量的计量与评价

4.1.1 碳排放量的计量方法

为了全面、科学、合理地计算青海省碳排放量，本章基于“2006 IPCC 指南”中提供的方法，结合青海省三次产业特点及数据获取情况，确定基于能源消费量的碳排放量计算方法。基本估算公式如下。

“2006 IPCC 指南”中不同碳排放种类的分类计算方法和依据如下：

$$Q_{CO_2} = E \times K \tag{4-1}$$

式中，E 表示不同类型能源的使用量；K 表示碳排放系数。可进一步推导为

$$Q_C = \sum_{i=1}^{k} \sum_{j=1}^{n} f_{ij} \times \beta_{ij} \times \alpha_{ij} \tag{4-2}$$

式中，Q_C 表示能源消耗产生的碳排放量；f_{ij} 表示 i 产业 j 种能源的消耗量；β_{ij} 表示 i 产业 j 种能源的碳排放因子；α_{ij} 表示 i 产业 j 种能源的折算标煤

系数；n 表示能源种类。

本章主要以 IPCC 碳排放系数法为参考方法，得出原煤、焦炭、原油、汽油、煤油、柴油、燃料油、液化石油气、天然气和电力等主要能源类型碳排放因子及排放系数，如表 4–1 所示。

表 4–1 主要能源类型碳排放因子及排放系数

能源种类	折标煤系数（kgce/kg）	碳排放因子（$kgCO_2/m^3$）
原煤	0.7143	0.7559
焦炭	0.9714	0.8300
原油	1.4286	0.8360
汽油	1.4714	0.8700
煤油	1.4714	0.8450
柴油	1.4571	0.8620
燃料油	1.4286	0.8830
液化石油气	1.7143	0.8640
天然气	1.33（$kgce/m^3$）	0.5960
电力	1.299（kgce/kWh）	0.5300

数据来源：“2006 IPCC 指南”。

本章选取《中国能源统计年鉴》与《青海统计年鉴》中 2011—2022 年青海省主要能源品种的消费量（不含电力消耗间接产生的碳排放），通过式（4–2）估算青海省 2011—2022 年的碳排放量。由于本书研究的碳排放量主要指能源消费产生的二氧化碳，书中碳排放量即二氧化碳排放量。为更好地对比分析三次产业对碳排放的影响程度，本节分别计算了三次产业的碳排放量，为后续研究提供基础数据。

《中国能源统计年鉴》（2012—2023 年）的能源平衡表按产业统计了第一、第二、第三产业消费的原煤、焦炭、原油、汽油、煤油、柴油、燃料油、液化石油气、天然气和电力 10 种主要能源的实物量，并依据折标煤系数将实物消耗量折算为标准煤消费量，适用于以标准煤为计量单位的碳排放因子系数。需要注意的是，电力、热能等二次能源转换生成的碳排放未计入本书研究范围。

4.1.2 青海省碳排放量测算过程

青海省是我国重要的生态大省，党和国家高度重视其生态环境的可持续发展。由于生态战略地位和生态保护的需要，青海省的经济发展速度相对缓慢。除经济发展因素外，人口、产业结构、能源强度等因素对青海省碳排放的影响也较为显著。

2011—2022 年青海省碳排放总量如表 4–2 和图 4–1 所示，呈现“N”形发展趋势：先上升，后下降，再上升。碳排放总量从 2011 年的 1515.94 万吨增至 2022 年的 2163.09 万吨，净增 647.15 万吨，增长率为 43%。值得注意的是，受全国碳排放权交易市场启动的影响，2016 年和 2017 年青海省碳排放总量较往年出现明显下降。

表 4–2 2011—2022 年青海省碳排放总量

年份	CO_2 排放量（万吨）
2011	1515.94
2012	1682.95
2013	1833.10
2014	1985.99
2015	2025.80
2016	1749.02
2017	1759.05
2018	1986.26
2019	2013.10
2020	1990.94
2021	2162.62
2022	2163.09

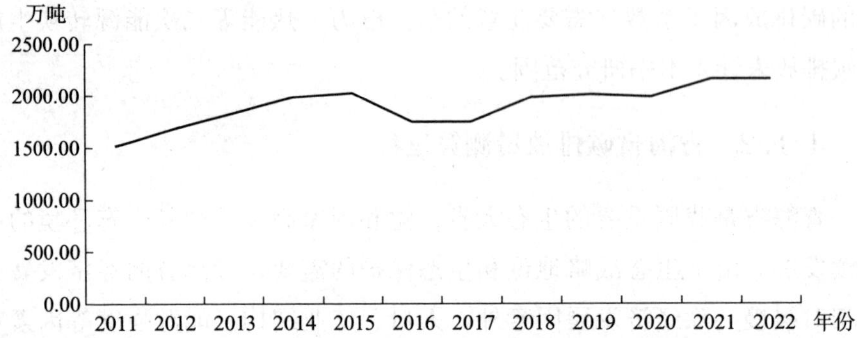

图 4-1　2011—2022 年青海省碳排放总量

数据来源：《青海统计年鉴 2023》。

4.1.3　青海省三次产业碳排放量测算

青海省第一产业碳排放量。第一产业的碳排放主要来源于农林牧渔等行业。如图 4-2 所示，青海省第一产业碳排放量在 2015—2017 年呈现“峰形”变化趋势，其余年份保持相对平稳的发展态势。2016 年，第一产业碳排放量升至 21.14 万吨的顶峰。但第一产业的碳排放量远低于第二、第三产业的碳排放量。2020 年后，第一产业碳排放量平稳保持在 18 万吨的水平。

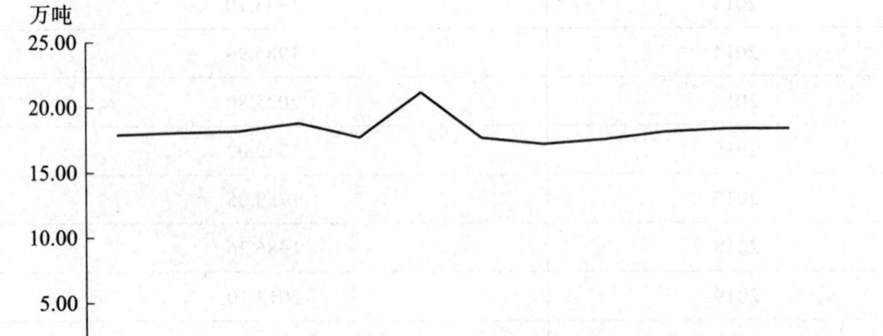

图 4-2　2011—2022 年青海省第一产业碳排放量

数据来源：《青海统计年鉴 2023》。

青海省第二产业碳排放量。第二产业的碳排放主要来自工业和建筑行业。2011—2022 年青海省第二产业碳排放量如图 4-3 所示，青海省第二产业碳排放量整体呈上升的态势，部分年份略有波动。2011—2022 年，青海省第二产业碳排放量增长了 60.89%。

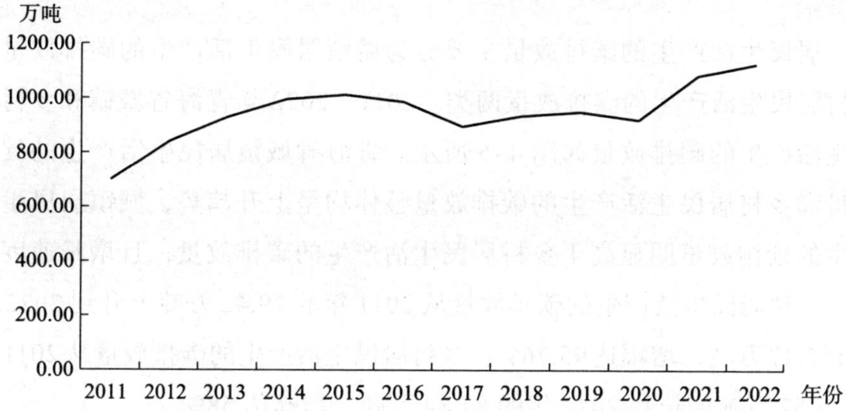

图 4-3　2011—2022 年青海省第二产业碳排放量

数据来源：《青海统计年鉴 2023》。

第三产业的碳排放主要来自交通运输、仓储、邮政、批发零售、住宿和餐饮等行业。2011—2022 年青海省第三产业碳排放量如图 4-4 所示，

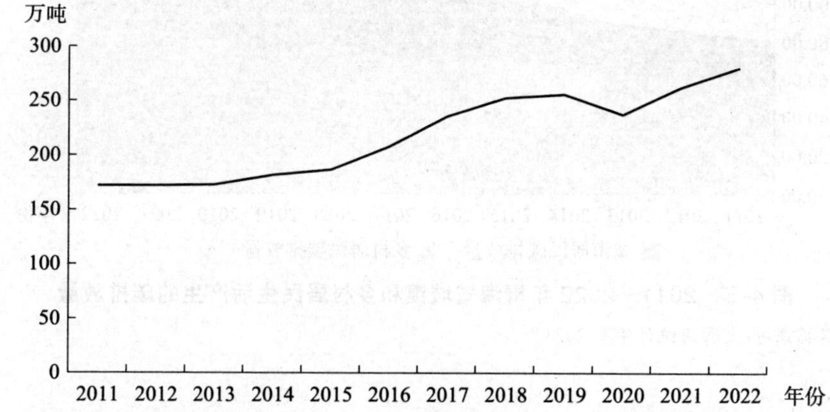

图 4-4　2011—2022 年青海省第三产业碳排放量

数据来源：《青海统计年鉴 2023》。

其变化趋势与第二产业相似，整体呈上升态势。受新冠疫情影响，2020年碳排放量出现下降，2021年和2022年增速放缓。2011—2022年，青海省第三产业碳排放量总体增长了63.09%。

4.1.4 青海省居民生活产生的碳排放量

居民生活产生的碳排放量主要分为城镇居民生活产生的碳排放量和乡村居民生活产生的碳排放量两类。2011—2022年青海省城镇和乡村居民生活产生的碳排放量如图4-5所示。青海省城镇居民生活产生的碳排放量和乡村居民生活产生的碳排放量整体均呈上升趋势，城镇居民生活产生的碳排放量明显高于乡村居民生活产生的碳排放量，且增长速度较快。城镇居民生活产生的碳排放量从2011年的79.42万吨上升到2022年的155.47万吨，增幅达95.76%；乡村居民生活产生的碳排放量从2011年的55.52万吨增长到2022年的87.84万吨，增幅达58%。

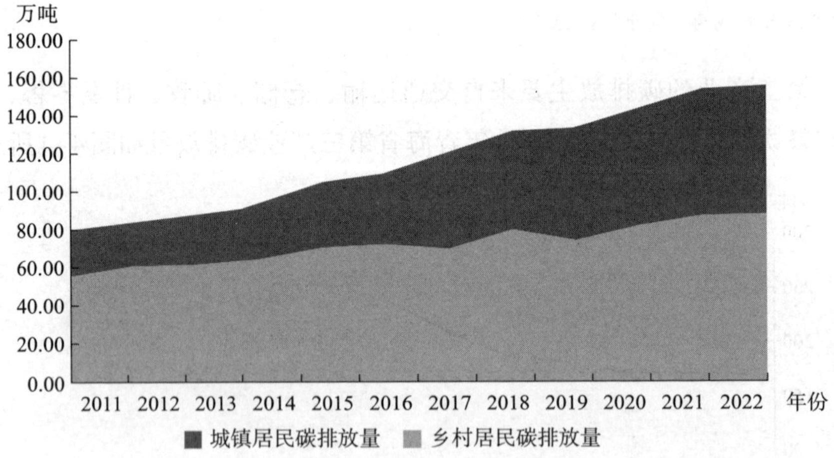

图4-5 2011—2022年青海省城镇和乡村居民生活产生的碳排放量

数据来源：《青海统计年鉴2023》。

4.2 青海省碳排放强度及弹性系数测度

通过碳排放量计算结果可以观察碳排放的总体变化趋势，但难以直接反映碳排放与经济发展的关系及影响程度。为此，引入碳排放强度和碳排放弹性系数两个指标，以更全面地评估碳排放的动态效应。其中，碳排放强度反映了单位 GDP 的碳排放量，用于衡量经济增长的碳效率；碳排放弹性系数反映了碳排放量随经济增长的变化率，用于分析碳排放与经济发展的脱钩程度。这两个指标能够更深入地揭示碳排放与经济发展之间的动态关系，为制定减排政策提供科学依据。

4.2.1 碳排放强度计算结果及评价

碳排放强度是指生产单位 GDP 产生的 CO_2 排放量，计算公式为

$$碳排放强度 = 二氧化碳排放量 / GDP \tag{4-3}$$

碳排放强度越低，表明每创造万元 GDP 所消耗能源产生的碳排放量越低，反之则越高。为剔除价格因素的影响，本节以 1952 年 GDP 及三次产业增加值为基准，折算不变价格进行计算。2011—2022 年青海省及三次产业碳排放强度如表 4-3 所示，整体呈下降趋势。

表 4-3 2011—2022 年青海省及三次产业碳排放强度 单位：吨 / 万元

年份	青海省	第一产业	第二产业	第三产业
2011	6.46	1.70	3.68	1.68
2012	6.45	1.63	3.90	1.51
2013	6.34	1.56	3.85	1.38
2014	6.29	1.54	3.75	1.32
2015	5.93	1.38	3.52	1.25
2016	4.75	1.56	3.17	1.29
2017	4.45	1.24	2.69	1.36

续表

年份	青海省	第一产业	第二产业	第三产业
2018	4.69	1.16	2.61	1.35
2019	4.48	1.13	2.49	1.29
2020	4.37	1.11	2.35	1.20
2021	4.49	1.08	2.59	1.26
2022	4.39	1.03	2.50	1.38

（1）全省碳排放强度

青海省碳排放强度由 2011 年的 6.46 吨 / 万元降至 2022 年的 4.39 吨 / 万元，年均降幅为 17.25%，年平均值为 5.26 吨 / 万元。

（2）分产业碳排放强度

第一产业：由 2011 年的 1.70 吨 / 万元降至 2022 年的 1.03 吨 / 万元，年均降幅为 1.74%，年平均值为 1.10 吨 / 万元。

第二产业：由 2011 年的 3.68 吨 / 万元降至 2022 年的 2.50 吨 / 万元，年均降幅为 9.88%，年平均值为 3.09 吨 / 万元。

第三产业：由 2011 年的 1.68 吨 / 万元降至 2022 年的 1.38 吨 / 万元，年平均值为 1.36 吨 / 万元。

4.2.2 碳排放弹性系数计算结果及评价

碳排放弹性系数是衡量碳排放增长速度与 GDP 增长速度之间关系的指标，其核心是通过两个指标的增长速度比值，观察经济增长与能源消耗及碳排放之间的关系。碳排放弹性系数小，表明经济增长快而能源消耗或碳排放增长慢，是一种理想状态。计算公式如下：

$$\text{碳排放弹性系数} = \text{碳排放总量增长速度} / \text{GDP 增长速度} \quad (4\text{–}4)$$

2011—2022 年青海省碳排放弹性系数如图 4–6 所示。青海省碳排放弹性系数呈波动收敛趋势，2014—2018 年和 2018—2021 年均呈“V”形发展趋势。2016 年和 2020 年的碳排放弹性系数为负值，表明碳排放量增速低于 GDP 增速。最低值为 2016 年的 -1.74，最高值为 2018 年的 1.82。

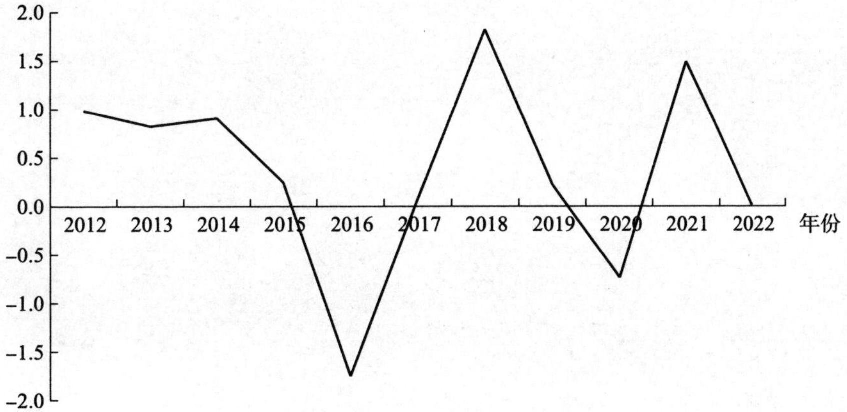

图 4-6 2011—2022 年青海省碳排放弹性系数

数据来源：《青海统计年鉴 2023》。

5

青海省碳排放驱动因素及分析

青海省碳排放驱动因素的影响程度及碳达峰状态是科学制定低碳经济政策措施的关键。本章采用两种模型，从多个角度分析青海省及三次产业经济增长与碳排放之间的关系，为实现“保增长”“促脱钩”双目标提供数据支撑。通过明确经济增长与碳排放的关联性，因地制宜地抑制碳排放增长，为节能减排对策和发展建议提供科学依据。

5.1 基于 LMDI 模型的青海省碳排放驱动因素分解

5.1.1 LMDI 指数分解法及数据选择

（1）LMDI 指数分解法

LMDI 指数分解法是目前研究碳排放的因素分解的主要方法之一。利用 Kaya 恒等式变形构建碳排放强度的分解公式如下：

$$C=\sum C=\sum_{i=1}^{n}\sum_{j=1}^{n}\frac{C_{ij}}{E_{ij}}\times\frac{E_{ij}}{E_i}\times\frac{E_i}{G_i}\times\frac{G_i}{G}\times\frac{G}{P}\times P \quad (5\text{-}1)$$

$$C=\sum_{i=1}^{n}\sum_{j=1}^{n}CI_{ij}\times ES_{ij}\times EI_j\times SI_i\times CI\times P \quad (5\text{-}2)$$

设 C_0 为基期碳排放总量，C_T 为 T 期总量，得到碳排放量变化公式如下：

$$\Delta C=C_T-C_0=\Delta CI+\Delta ES+\Delta EI+\Delta SI+\Delta GI+\Delta P \quad (5\text{-}3)$$

各分解因素贡献值表达如下：

排放因子效应：$$\Delta CI=\sum_{i=1}^{10}\sum_{j=1}^{3}\left(\frac{C_{ij}^{t}-C_{ij}^{0}}{\ln C_{ij}^{t}-\ln C_{ij}^{0}}\right)\times\ln\frac{CI_{ij}^{t}}{CI_{ij}^{0}}\tag{5-4}$$

能源结构效应：$$\Delta ES=\sum_{i=1}^{10}\sum_{j=1}^{3}\left(\frac{C_{ij}^{t}-C_{ij}^{0}}{\ln C_{ij}^{t}-\ln C_{ij}^{0}}\right)\times\ln\frac{ES_{ij}^{t}}{ES_{ij}^{0}}\tag{5-5}$$

能源强度效应：$$\Delta EI=\sum_{i=1}^{10}\sum_{j=1}^{3}\left(\frac{C_{ij}^{t}-C_{ij}^{0}}{\ln C_{ij}^{t}-\ln C_{ij}^{0}}\right)\times\ln\frac{EI_{j}^{t}}{EI_{j}^{0}}\tag{5-6}$$

产业结构效应：$$\Delta SI=\sum_{i=1}^{10}\sum_{j=1}^{3}\left(\frac{C_{ij}^{t}-C_{ij}^{0}}{\ln C_{ij}^{t}-\ln C_{ij}^{0}}\right)\times\ln\frac{SI_{i}^{t}}{SI_{i}^{0}}\tag{5-7}$$

经济产出效应：$$\Delta GI=\sum_{i=1}^{10}\sum_{j=1}^{3}\left(\frac{C_{ij}^{t}-C_{ij}^{0}}{\ln C_{ij}^{t}-\ln C_{ij}^{0}}\right)\times\ln\frac{GI^{t}}{GI^{0}}\tag{5-8}$$

人口规模效应：$$\Delta P=\sum_{i=1}^{10}\sum_{j=1}^{3}\left(\frac{C_{ij}^{t}-C_{ij}^{0}}{\ln C_{ij}^{t}-\ln C_{ij}^{0}}\right)\times\ln\frac{P^{t}}{P^{0}}\tag{5-9}$$

公式中各种变量符号及含义如表 5-1 所示。

表 5-1 公式中各种变量符号及含义

变量	含义	变量	含义
C	碳排放总量	SI_i	第 i 产业产出占总产出的比例
C_{ij}	第 i 产业第 j 类能源的碳排放量	GI	人均地区生产总值
E_{ij}	第 i 产业第 j 类能源消费量	ΔC	碳排放变化量
E_i	第 i 产业的能源消费总量	ΔCI	碳排放强度导致的碳排放变化量
G_i	第 i 产业的产值	ΔES	能源结构导致的碳排放变化量
G	地区生产总值	ΔEI	能源强度导致的碳排放变化量
P	区域人口数量	ΔSI	产业结构导致的碳排放变化量
CI_{ij}	第 i 产业第 j 类能源的碳强度	ΔGI	经济产出导致的碳排放变化量
ES_{ij}	第 j 类能源在第 i 产业的能源消费比例	ΔP	人口规模导致的碳排放变化量
EI_{ij}	第 i 产业的单位产出能源消费量	—	—

（2）数据选择

基于《中国能源统计年鉴 2023》《中国统计年鉴 2023》《青海统计年鉴 2023》的数据，结合前文计算的碳排放量及前文青海省经济发展现状的相关数据，对青海省碳排放驱动因素进行分解分析。

5.1.2 青海省碳排放驱动因素分解结果对比分析

利用 LMDI 模型，结合前文梳理出的能源消费、生产总值、人口等数据，从能源结构效应、能源强度效应、产业结构效应、经济产出效应、人口规模效应 5 个方面对青海省碳排放驱动因素进行分解分析，结果见表 5-2。

表 5-2 青海省碳排放 LMDI 分解结果年度变化

时间	能源结构效应	能源强度效应	产业结构效应	经济产出效应	人口规模效应
2011—2012 年	−7.50	31.78	14.94	96.67	4.38
2012—2013 年	−1.59	1.89	23.58	202.29	5.24
2013—2014 年	2.64	−31.03	29.96	290.94	13.79
2014—2015 年	−10.91	−80.28	31.13	371.84	15.71
2015—2016 年	−7.95	−165.11	33.91	440.06	24.62
2016—2017 年	28.30	−322.48	32.16	490.84	31.90
2017—2018 年	30.54	−356.65	36.08	571.90	34.11
2018—2019 年	31.30	−406.06	38.57	630.74	39.80
2019—2020 年	32.99	−460.25	44.32	627.43	42.94
2020—2021 年	31.96	−398.91	54.97	738.08	48.65
2021—2022 年	35.59	−425.43	94.32	779.26	51.72

根据 LMDI 分解结果，各驱动因素对碳排放的影响程度按绝对值大小排序为：经济产出效应 > 能源强度效应 > 产业结构效应 > 人口规模效应 > 能源结构效应。

（1）正向拉动效应

经济产出效应是碳排放最主要的驱动因素，2011—2022 年提高了 7.06 倍；产业结构效应和人口规模效应对碳排放也起到正向拉动作用，但影响相对较小，且呈平稳递增趋势。

（2）负向拉动效应

能源结构效应在 2014—2015 年对碳排放的负向拉动作用最为显著，为 -10.91；而在 2016—2017 年转为正向拉动作用，达到 28.30；能源强度效应从 2013 年起对碳排放起到持续的负向拉动作用。

5.1.3 三次产业碳排放驱动因素结果分析

2011—2022 年，青海省三次产业碳排放受各驱动因素影响表现出不同趋势，具体分解结果见表 5-3～ 表 5-5。

表 5-3 青海省第一产业碳排放 LMDI 分解结果年度变化

时间	能源结构效应	能源强度效应	产业结构效应	经济产出效应	人口规模效应
2011—2012 年	0.46	−1.26	−0.78	1.43	0.06
2012—2013 年	0.51	−1.89	−1.51	2.89	0.07
2013—2014 年	0.93	−2.64	−2.06	4.06	0.19
2014—2015 年	0.52	−3.07	−2.45	5.11	0.22
2015—2016 年	0.95	−1.94	−2.97	6.50	0.36
2016—2017 年	0.27	−4.13	−3.10	6.98	0.45
2017—2018 年	0.38	−5.22	−3.40	7.82	0.47
2018—2019 年	0.69	−6.06	−3.60	8.58	0.54
2019—2020 年	0.26	−5.67	−3.26	8.98	0.61
2020—2021 年	0.36	−6.30	−3.43	9.78	0.64
2021—2022 年	0.31	−6.82	−3.12	10.10	0.67

表 5-4 青海省第二产业碳排放 LMDI 分解结果年度变化

时间	能源结构效应	能源强度效应	产业结构效应	经济产出效应	人口规模效应
2011—2012 年	−11.92	55.05	16.84	77.83	3.53
2012—2013 年	−8.43	44.51	25.88	164.40	4.26
2013—2014 年	−12.50	27.70	32.60	237.07	11.24
2014—2015 年	−25.98	−10.27	33.29	302.64	12.79
2015—2016 年	−28.42	−94.52	36.33	353.53	19.78
2016—2017 年	−3.40	−245.94	33.62	387.08	25.16
2017—2018 年	−5.15	−274.23	37.40	450.46	26.87
2018—2019 年	−7.34	−311.20	39.98	497.47	31.39
2019—2020 年	−6.12	−353.39	48.19	498.29	34.10
2020—2021 年	−6.64	−299.57	59.77	590.90	38.95
2021—2022 年	−8.24	−337.81	109.05	621.53	41.25

表 5-5 青海省第三产业碳排放 LMDI 分解结果年度变化

时间	能源结构效应	能源强度效应	产业结构效应	经济产出效应	人口规模效应
2011—2012 年	3.96	−22.02	−1.11	17.40	0.79
2012—2013 年	6.33	−40.72	−0.79	35.01	0.91
2013—2014 年	14.21	−56.08	−0.58	49.81	2.36
2014—2015 年	14.55	−66.94	0.28	64.09	2.71
2015—2016 年	19.52	−68.65	0.55	80.04	4.48
2016—2017 年	31.44	−72.42	1.63	96.79	6.29
2017—2018 年	35.32	−77.21	2.09	113.62	6.78
2018—2019 年	37.96	−88.81	2.19	124.68	7.87
2019—2020 年	38.85	−101.20	−0.60	120.17	8.22
2020—2021 年	38.24	−93.04	−1.36	137.40	9.06
2021—2022 年	43.52	−80.80	−11.60	147.63	9.80

（1）能源结构效应

第一产业，贡献值均为正值，呈波动下降趋势；第二产业，贡献值均为负值，绝对值呈“N”形变化，2015—2016 年绝对值最大

（–28.42）；第三产业，贡献值均为正值，且逐年递增。总体来看，能源结构效应对三次产业碳排放的作用不确定。

（2）能源强度效应

第一产业和第三产业，贡献值均为负值，表明对碳排放增长起到抑制作用；第二产业，从 2014 年开始贡献值均为负值，从 –10.27 降至 –337.81，抑制作用显著增强。整体表明，能源强度效应对三次产业碳排放均起到负向拉动效应。

（3）产业结构效应

第一产业，贡献值均为负值，由 –0.78 降至 –3.12，整体呈负向拉动效应；第二产业，贡献值均为正值，由 16.84 增至 109.05，正向拉动效应不断增强；第三产业，贡献值在部分年份为负值（如 2011—2014 年、2019—2022 年），其余年份为正值，作用不确定。

（4）经济产出效应

三次产业的贡献值均为正值，且呈波动增长趋势，表明经济产出水平是碳排放的主要驱动因素，随着产业产出增长，碳排放增加现象越发明显。

（5）人口规模效应

三次产业的贡献值均为正值，表明随着青海省总人口增加，碳排放量不断上升。

总体来看，2011—2022 年青海省三次产业碳排放量与经济增长驱动因素的关系为：经济产出效应和人口规模效应对碳排放量具有显著的正向拉动作用，其中经济产出是最大的影响因素，表明青海省三次产业的经济增长高度依赖能源消耗；能源结构、能源强度和产业结构效应在三次产业中的影响表现不同，既有正向拉动作用，也有负向拉动作用。分产业减排建议如下。

第一产业：通过调整优化产业结构，转变农林牧渔业发展方式，加快发展绿色有机食品和畜牧业，可有效减少碳排放量。第二产业：积极响应国家政策，提高能源利用效率，以降低能源消耗所产生的碳排放量。第三产业：通过大量安置物流、交通、旅游等行业的就业人员，有望缓解人口增长带来的碳排放增加压力。

5.2 碳排放与经济增长的关系

LMDI 分析结果表明，经济产出是碳排放的主要驱动因素。作为全球最大的发展中国家，经济社会发展仍是我国的首要任务，将在未来很长一段时间内保持经济增长。我国提出 2030 年实现碳达峰的目标具有科学依据。本节基于 Tapio 脱钩模型，从线性角度研究青海省碳排放与经济增长之间的关系，进一步揭示两者之间的动态联系。

5.2.1 脱钩模型及数据选取

（1）Tapio 脱钩模型

“脱钩”概念最早来自物理学，是指两个相关变量彼此分离。经济学中的“脱钩”概念是指经济增长与环境压力或资源消耗的分离。脱钩率的计算公式为

$$ratio=\frac{\left(\dfrac{EP}{DF}\right)_t}{\left(\dfrac{EP}{DF}\right)_0} \tag{5-10}$$

式中，EP 代表环境压力，DF 代表劳动因素，$ratio$ 代表脱钩率，t 代表报告期。

对于碳排放与经济增长关系的研究，脱钩率的计算公式为

$$\lambda=\frac{\Delta CO_2/CO_2}{\Delta GDP/GDP}=\frac{\alpha}{\beta} \tag{5-11}$$

式中，λ 代表脱钩指数，ΔCO_2 代表碳排放的变化量，CO_2 代表碳排放的初期值，ΔGDP 代表生产总值的变化量，GDP 代表 GDP 的初期值，α 代表碳排放的变化率，β 代表 GDP 的增长率。

Tapio 脱钩模型将脱钩状态分为连接、负脱钩、强脱钩 3 种主要类型和 8 种具体脱钩关系，具体见表 5–6。

表 5–6　Tapio 脱钩模型的指标等级及弹性值

脱钩分类	脱钩状态	含义	弹性值		
连接	扩张连接	经济增长时，碳排放量与经济增长同步上升	>0	>0	$0.8<\lambda<1.2$
	衰退连接	经济衰退时，碳排放量与经济衰退同步下降	<0	<0	$0.8<\lambda<1.2$
负脱钩	扩张性负脱钩	经济增长时，碳排放量上升，且增速超过经济增长速度	>0	>0	$\lambda>1.2$
	强负脱钩	经济增长的同时，碳排放量大幅上升，增速超过经济增长速度	>0	<0	$\lambda<0$
	弱负脱钩	经济衰退时，碳排放量下降，但下降速度低于经济衰退速度	<0	<0	$0<\lambda<0.8$
强脱钩	弱脱钩	经济增长的同时，碳排放量增长，但增速低于经济增长速度	>0	>0	$0<\lambda<0.8$
	强脱钩	经济增长的同时，碳排放量下降	<0	>0	$\lambda<0$
	衰退脱钩	经济衰退时，碳排放量下降，且下降速度大于经济衰退速度	<0	<0	$\lambda>1.2$

每种状态和关系都反映了经济增长与环境压力（如碳排放）之间的关系。在经济增长期（$\beta>0$）：脱钩指标值越小（$\lambda<1$），脱钩效果越好，意味着经济增长对环境压力的影响减小；脱钩指标值为负（$\lambda<0$），表示强脱钩，是最佳脱钩效果，表明经济增长的同时环境压力减少。在经济衰退期（$\beta<0$）：脱钩指标值越大（$\lambda>1$），脱钩效果越好，意味着尽管经济衰退，环境压力减少的速度更快。

（2）数据选取

本节采用的数据来自《青海统计年鉴》，为了真实反映脱钩情况，经济数据采用以 1952 年为基期折算的青海省地区生产总值及三次产业的产值，碳排放数据采用前文计算得到的青海省及三次产业的碳排放量。具体见表 5-7 和表 5-8。

表 5-7 2011—2022 年青海省碳排放量 单位：万吨

年份	青海省	第一产业	第二产业	第三产业
2011	1515.94	17.90	699.30	172.04
2012	1682.95	18.06	840.63	171.06
2013	1833.10	18.17	929.91	172.76
2014	1985.99	18.79	995.41	181.75
2015	2025.80	17.70	1011.78	186.72
2016	1749.02	21.14	985.98	207.98
2017	1759.05	17.64	895.82	235.77
2018	1986.26	17.16	934.65	252.63
2019	2013.10	17.52	949.61	255.93
2020	1990.94	18.09	920.37	237.49
2021	2162.62	18.32	1082.71	262.33
2022	2163.09	18.32	1125.08	280.58

表 5-8 2011—2022 年青海省地区生产总值 单位：亿元

年份	青海省	第一产业	第二产业	第三产业
2011	234.73	10.50	189.83	102.39
2012	261.02	11.05	215.78	113.13
2013	289.22	11.63	241.50	125.58
2014	315.82	12.24	265.55	137.31
2015	341.63	12.86	287.43	149.26
2016	368.41	13.56	311.29	161.18
2017	395.08	14.22	333.36	173.77

续表

年份	青海省	第一产业	第二产业	第三产业
2018	423.29	14.86	358.49	186.54
2019	448.90	15.54	381.26	197.92
2020	455.45	16.26	391.09	198.06
2021	482.01	17.01	417.33	208.85
2022	492.90	17.78	450.35	203.57

5.2.2 青海省碳排放脱钩结果分析

2011—2022 年青海省碳排放与经济增长脱钩状态见表 5-9，呈现扩张连接、弱脱钩、强脱钩、扩张性负脱钩 4 种状态。

表 5-9 2011—2022 年青海省碳排放与经济增长脱钩状态

时间	碳排放增长率	生产总值增长率	脱钩指数	脱钩状态
2011—2012 年	11.09%	0.112	0.984	扩张连接
2012—2013 年	8.92%	0.108	0.823	扩张连接
2013—2014 年	8.34%	0.092	0.907	扩张连接
2014—2015 年	2.00%	0.082	0.244	弱脱钩
2015—2016 年	−13.66%	0.078	−1.743	强脱钩
2016—2017 年	0.57%	0.072	0.079	弱脱钩
2017—2018 年	12.92%	0.071	1.819	扩张性负脱钩
2018—2019 年	1.35%	0.061	0.222	弱脱钩
2019—2020 年	−1.10%	0.015	−0.734	强脱钩
2020—2021 年	8.62%	0.058	1.487	扩张性负脱钩
2021—2022 年	0.02%	0.024	0.009	弱脱钩

（1）扩张连接（占 27.27%）

2011—2014 年，碳排放增长率与生产总值增长率均大于 0，脱钩指数为 0.8~1.2。

（2）弱脱钩（占 36.36%）

2014—2015 年、2016—2017 年，2018—2019 年 和 2021—2022 年，

碳排放增长率与生产总值增长率均大于 0，脱钩指数小于 0.8，是青海省最主要的脱钩状态。

（3）强脱钩（占 18.18%）

2015—2016 年和 2019—2020 年，碳排放增长率小于 0，而生产总值大于 0。

（4）扩张性负脱钩（占 18.18%）

2017—2018 年和 2020—2021 年，碳排放增长率与生产总值增长率均大于 0，脱钩指数大于 1.2。

总体来看，2011—2022 年青海省生产总值增长率始终大于 0，表明经济持续增长，同时碳排放脱钩效果逐步改善。

5.2.3 三次产业碳排放脱钩结果分析

2011—2022 年青海省三次产业碳排放与经济增长脱钩状态分别见表 5-10~ 表 5-12。青海省三次产业碳排放脱钩状态呈现扩张性负脱钩、扩张连接、强脱钩、弱脱钩 4 种状态。

表 5-10　2011—2022 年青海省第一产业碳排放与经济增长脱钩状态

时间	碳排放增长率	生产总值增长率	脱钩指数	脱钩状态
2011—2012 年	0.009	0.052	0.170	弱脱钩
2012—2013 年	0.006	0.053	0.114	弱脱钩
2013—2014 年	0.034	0.052	0.657	弱脱钩
2014—2015 年	−0.058	0.051	−1.139	强脱钩
2015—2016 年	0.194	0.054	3.599	扩张性负脱钩
2016—2017 年	−0.165	0.049	−3.373	强脱钩
2017—2018 年	−0.027	0.045	−0.606	强脱钩
2018—2019 年	0.021	0.046	0.451	弱脱钩
2019—2020 年	0.033	0.046	0.709	弱脱钩
2020—2021 年	0.013	0.046	0.274	弱脱钩
2021—2022 年	0.000	0.045	0.003	弱脱钩

表 5-11 2011—2022 年青海省第二产业碳排放与经济增长脱钩状态

时间	碳排放增长率	生产总值增长率	脱钩指数	脱钩状态
2011—2012 年	0.202	0.137	1.478	扩张性负脱钩
2012—2013 年	0.106	0.119	0.891	扩张连接
2013—2014 年	0.070	0.100	0.707	弱脱钩
2014—2015 年	0.016	0.082	0.200	弱脱钩
2015—2016 年	–0.025	0.083	–0.307	强脱钩
2016—2017 年	–0.091	0.071	–1.290	强脱钩
2017—2018 年	0.043	0.075	0.575	弱脱钩
2018—2019 年	0.016	0.064	0.252	弱脱钩
2019—2020 年	–0.031	0.026	–1.193	强脱钩
2020—2021 年	0.176	0.067	2.629	扩张性负脱钩
2021—2022 年	0.039	0.079	0.495	弱脱钩

表 5-12 2011—2022 年青海省第三产业碳排放与经济增长脱钩状态

时间	碳排放增长率	生产总值增长率	脱钩指数	脱钩状态
2011—2012 年	–0.006	0.105	–0.054	强脱钩
2012—2013 年	0.010	0.110	0.091	弱脱钩
2013—2014 年	0.052	0.093	0.557	弱脱钩
2014—2015 年	0.027	0.087	0.315	弱脱钩
2015—2016 年	0.114	0.080	1.425	扩张性负脱钩
2016—2017 年	0.134	0.078	1.711	扩张性负脱钩
2017—2018 年	0.072	0.074	0.973	扩张连接
2018—2019 年	0.013	0.061	0.214	弱脱钩
2019—2020 年	–0.072	0.001	–102.940	强脱钩
2020—2021 年	0.105	0.055	1.920	扩张性负脱钩
2021—2022 年	0.070	–0.025	–2.749	强负脱钩

（1）第一产业脱钩分析

2011—2022 年，青海省第一产业脱钩状态如下。

弱脱钩（占 63.64%）：2011—2014 年和 2018—2022 年，碳排放增

长率与生产总值增长率均大于 0，脱钩指数为 0~0.8。

强脱钩（占 27.27%）：2014—2015 年和 2016—2018 年，碳排放增长率小于 0 且生产总值增长率均大于 0，脱钩指数小于 0。

扩张性负脱钩（占 9.09%）：2015—2016 年，碳排放增长率与生产总值增长率均大于 0，脱钩指数大于 1.2。

整体来看，第一产业生产总值增长率始终大于 0，脱钩状态理想，其中 2014—2015 年脱钩效果最好。为实现强脱钩目标，青海省应推动低碳农业发展，减少化肥、农药等高污染、高耗能产品的使用，提高农业机械效率，降低化石能源消耗。

（2）第二产业脱钩分析

2011—2022 年，青海省第二产业脱钩状态如下。

扩张性负脱钩（占 18.18%）：2011—2012 年和 2020—2021 年，碳排放增长率与生产总值增长率均大于 0，脱钩指数大于 1.2。

弱脱钩（占 45.45%）：2013—2015 年、2017—2019 年和 2021—2022 年，碳排放增长率与生产总值增长率均大于 0，脱钩指数为 0~0.8。

强脱钩（占 27.27%）：2015—2017 年和 2019—2020 年，碳排放增长率小于 0 且增长率小于 0 且生产总值增长率大于 0。

扩张连接（占 9.09%）：2012—2013 年，碳排放增长率与生产总值增长率均大于 0，经济增长伴随碳排放增长同步上升，脱钩指数在 0.8~1.2。

整体来看，第二产业生产总值增长率始终大于 0，脱钩状态理想，其中 2019—2020 年脱钩效果最好。青海省通过供给侧结构性改革，淘汰落后产能，降低能源消费，有效实现了经济发展与碳排放减少的双重目标。

（3）第三产业脱钩分析

弱脱钩（占 36.36%）：2012—2015 年和 2018—2019 年，碳排放增长率与生产总值增长率均大于 0，脱钩指数为 0~0.8。

扩张连接（占 9.09%）：2017—2018 年，碳排放增长率与生产总值增长率均大于 0，脱钩指数为 0.8~1.2。

扩张性负脱钩（占 27.27%）：2015—2017 年和 2020—2021 年，碳排放增长率与生产总值增长率均大于 0，脱钩指数大于 1.2，表明碳排放增长速度高于生产总值增长速度，经济增长以高碳排放为代价。

强脱钩（占 18.18%）：2011—2012 年和 2019—2020 年，碳排放增长率与生产总值增长率均大于 0，脱钩指数小于 0。

强负脱钩（占 9.09%）：2021—2022 年，碳排放增长率大于 0，生产总值增长率小于 0，脱钩指数小于 0。

整体来看，2011—2021 年第三产业生产总值增长率均大于 0，但脱钩状态相较于第二产业表现较差。尽管节能减排措施已初见成效，如新能源交通工具的推广和绿色家电的使用，但仍需进一步改进。未来应继续推广清洁能源公共交通工具、新能源车辆、低碳旅游和低碳生活方式，同时引导公众树立绿色低碳生活理念，改变高碳消费习惯。

5.3 碳排放与经济增长的达峰状态

经济发展水平是驱动碳排放量变化的关键因素之一。为揭示碳排放与经济要素的非线性关联机制，验证环境库兹涅茨曲线（EKC）理论在青海省的适用性，本章基于 EKC 分析框架，从全省总体及三次产业维度，系统探究碳排放与人均 GDP 的非线性动态关系，定量测算拐点出现的时间节点及对应人均 GDP 阈值，并深入剖析其作用机理，最终提出针对性的低碳发展策略。

5.3.1 EKC 模型及数据选取

（1）EKC 模型

EKC 是用于描述经济增长与环境污染之间非线性关系的理论模型。在经济增长初期，随着产出提升，环境压力逐步加大；当经济发展至拐点之后，环境质量随经济增长逐渐得到改善。

在对经济增长和碳排放关系进行回归分析时，一般选用二次曲线函数、三次曲线函数及对数复合函数三种形式。其中，三次曲线函数模型拟合效果较好，本节采用该模型，具体表达式为：

$$Y_{it} = \alpha + \beta_1 X_{it} + \beta_2 X_{it}^2 + \beta_3 X_{it}^3 + e \tag{5-12}$$

式中，Y代表第t年第i产业的碳排放量，X_{it}表示第t年第i产业人均产值；α为常数项，β_1、β_2、β_3分别表示模型的待估系数，e为残差项。根据模型系数的评估结果，碳排放与经济增长的关系如表 5–13 所示。

表 5–13　EKC 模型中碳排放与经济增长的关系

β_1	β_2	β_3	关系类型
>0	=0	=0	Y随X的增加而线性增加
<0	=0	=0	Y随Y的增加而线性减少
>0	<0	=0	Y和Y之间呈倒“U”形关系
<0	>0	=0	Y和Y之间呈“U”形关系
>0	<0	>0	Y和Y之间呈“N”形关系
<0	>0	<0	Y和X之间呈“U”形＋倒“U”形关系

（2）数据选取

本节利用的碳排放数据与前文一致，选取的三次产业人均产值数据由《青海省统计年鉴 2023》中三次产值和就业人口数据计算得到，并以 1952 年为基期进行折算。结果如表 5–14 所示。

表 5–14　青海省人均地区生产总值及三次产业人均生产总值　单位：万元

年份	青海省	第一产业	第二产业	第三产业
2011	0.41	0.09	2.60	0.92
2012	0.46	0.10	3.00	0.98
2013	0.51	0.11	3.50	1.07

续表

年份	青海省	第一产业	第二产业	第三产业
2014	0.55	0.11	3.96	1.15
2015	0.59	0.12	4.29	1.24
2016	0.64	0.13	4.72	1.34
2017	0.68	0.14	5.21	1.42
2018	0.72	0.16	5.97	1.43
2019	0.76	0.17	6.69	1.47
2020	0.77	0.23	6.31	1.36
2021	0.81	0.25	6.84	1.42
2022	0.83	0.25	8.19	1.58

5.3.2 青海省碳排放 EKC 曲线检验分析

利用 Stata 18.0 绘制青海省碳排放量与人均生产总值关系的散点图，如图 5-1 所示。总体来看，2011—2022 年青海省碳排放随人均 GDP 呈现“先升后降再升”的“N”形轨迹：2011—2015 年快速增长，2016—2017 年短暂回落，2018—2022 年再度攀升，表明二者关系存在复杂的非线性特征，需通过三次曲线模型进一步验证。

图 5-1　2011—2022 年青海省碳排放量与人均生产总值关系

OLS 回归结果见表 5-15 所示，模型 R^2 为 0.823，调整 R^2 为 0.756，表明模型拟合效果较好；F 检验值为 12.374（p=0.002<0.05），说明自变量整体对碳排放量的解释力显著。各变量系数均通过显著性检验（p<0.05），具体表达式为：

$$Y_{it} = -9422.263 + 54924.478X - 88277.640X^2 + 46995.145X^3 \quad (5\text{-}13)$$

由此可见，一次项系数大于 0，二次项系数小于 0，三次项系数大于 0，Y 和 X 之间呈“N”形关系。

表 5-15　青海省碳排放和人均地区生产总值关系的参数估计

方程	模型摘要					参数估算值			
	R^2	F	自由度 1	自由度 2	显著性	常量	β_1	β_2	β_3
三次	0.823	12.374	3	8	0.002	−9422.263	54924.478	−88277.640	46995.145

一次项系数为正、二次项为负、三次项为正，验证了“N”形关系。通过求导计算得极值点对应的人均 GDP 为 0.672 万元和 0.579 万元，对应拐点年份分别为 2015 年（碳谷值为 1998 万吨）和 2017 年（碳峰值为 1868 万吨）。2017 年后碳排放随经济增长再度上升，表明当前经济模式仍依赖高碳投入，尚未实现碳排放与经济发展的绝对脱钩，亟须推进产业结构优化与能源转型。

5.3.3　三次产业碳排放 EKC 曲线检验分析

（1）第一产业碳排放 EKC 曲线检验分析

2011—2022 年青海省第一产业碳排放量与人均产值关系如图 5-2 所示。2011—2016 年，第一产业人均产值从接近 0.1 万元 / 人逐步增长，碳排放量同步呈现上升趋势，2016 年达到相对高点；2016—2019 年，第一产业人均产值继续小幅增长，碳排放量则持续下降，2019 年降至较低水平；2019—2022 年，人均产值进一步提升，碳排放量又呈现上升态势。整体来看，碳排放与人均产值呈现“上升—下降—再上升”的复杂变化趋势，初步显示第一产业碳排放与人均产值可能存在非线性关联，需依托 EKC 模型进行量化验证。

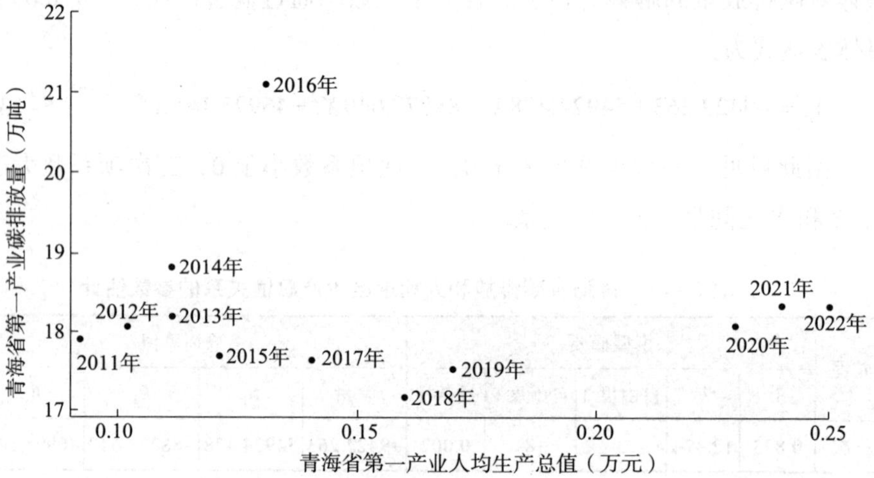

图 5-2 2011—2022 年青海省第一产业碳排放量与人均产值的关系

对青海省第一产业 2011—2022 年碳排放量与人均生产总值的关系进行曲线估计，二次曲线模型和三次曲线模型的参数估计值见表 5-16 所示。

表 5-16 青海省第一产业碳排放量和人均生产总值关系的参数估计

方程	模型摘要					参数估算值			
	R^2	F	自由度 1	自由度 2	显著性	常量	β_1	β_2	β_3
二次	0.006	0.029	2	9	0.972	19.007	−9.028	23.153	
三次	0.153	0.480	3	8	0.705	1.425	355.001	355.001	4786.296

从表 5-15 可知，二次模型 R^2 为 0.006，调整 R^2 为 −0.214，表明模型拟合效果极弱；F 检验值为 0.029（p=0.972>0.05），未通过显著性检验，说明自变量对碳排放量无解释力；三次模型 R^2 为 0.153，调整 R^2 为 −0.165，拟合效果仍不理想；F 检验值为 0.480（p=0.705>0.05），自变量整体对碳排放量无显著影响。二次与三次模型的 R^2 均接近 0，调整 R^2 为

负值，表明人均产值对第一产业碳排放量的解释力不足 16%，且 F 检验均不显著，说明第一产业碳排放量与人均产值之间不存在显著的非线性关系，无法验证 EKC 曲线的存在。

基于模型检验结果，青海省第一产业碳排放量与人均生产总值之间未呈现显著的 EKC 曲线特征，二次曲线模型与三次曲线模型均无法证明二者存在非线性关系。这表明第一产业碳排放变化受产业政策、技术进步等非经济因素的影响权重更高。第一产业（农牧业为主）碳排放逻辑与第二、第三产业差异显著，技术、自然条件、政策导向等非经济因素权重更高。

生产技术层面：传统农牧业依赖人力、畜力，碳排放基数低；以 2018 年集中采购柴油动力播种机为例，该阶段推广大型农机时，即便人均产值未显著增长，化石能源消耗增加仍会推升碳排放，此类技术迭代对碳排放的冲击，无法通过"人均产值"单一经济指标解释。

自然条件约束：青海气候高寒，牧草返青期、农作物生长期受温度、降水严格限制。2020 年青海遭遇干旱时，为保障灌溉需额外抽取地下水（电力或燃油驱动水泵），碳排放会被动增加，而这与"人均产值提升→主动优化排放"的经济逻辑无关。

政策干预影响：2016 年青海扩大"退牧还草"政策范围后，牧民放牧规模缩减，即便人均牧业产值因结构调整短期波动，碳排放也会因牲畜存栏量下降而显著降低，政策驱动的排放变化独立于经济增长路径。

（2）第二产业碳排放 EKC 曲线检验分析

2011—2022 年青海省第二产业碳排放量与人均生产总值关系如图 5–5 所示。利用 Stata 18.0 绘制 2011—2022 年青海省碳排放与人均生产总值散点图（图 5–3）。散点图拟合结果显示，碳排放量与人均生产总值呈现先升后降再上升的"N"形非线性关系：2011—2015 年快速增长（碳排放量从 699.30 万吨增至 1011.78 万吨），2015—2017 年短暂下降，

2017—2020 年波动上升，2020 年后再次显著增长。

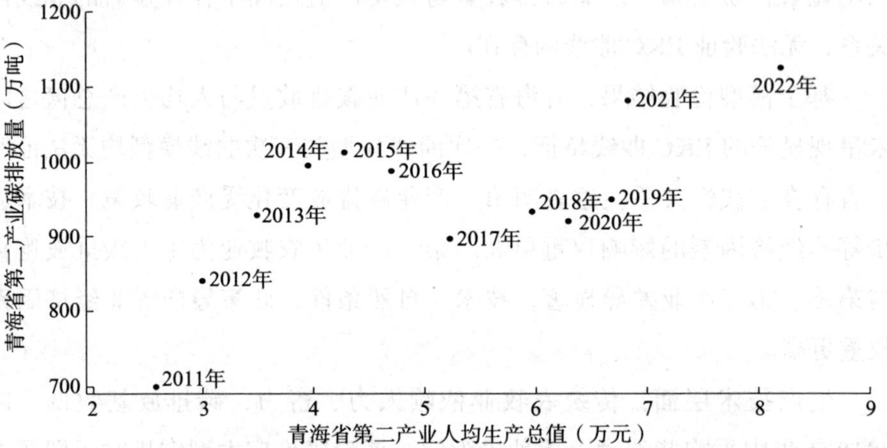

图 5-3　2011—2022 年青海省第二产业碳排放量与人均生产总值关系

以碳排放量为因变量，第二产业人均生产总值为自变量，青海省第二产业碳排放量与人均生产总值的三次曲线模型的参数估计结果见表 5-17。

表 5-17　青海省第二产业碳排放量和人均生产总值关系的参数估计

方程	模型摘要					参数估算值			
	R^2	F	自由度 1	自由度 2	显著性	常量	β_1	β_2	β_3
三次	0.806	11.083	3	8	0.003	−1061.888	1158.763	−214.96	12.997

从表 5-16 可知，回归结果如表 5-14 所示，模型 R^2 为 0.806，调整 R^2 为 0.733，拟合效果较好；F 检验值为 11.083（p=0.003<0.01），表明自变量整体对碳排放量解释力显著。关系式如下：

$$Y_{it}=-1061.888+1158.763X-214.96X^2+12.997X^3 \quad (5\text{–}14)$$

由此可见，二次曲线模型中一次项系数大于 0，二次项系数小于 0，三次项系数大于 0，Y 和 X 之间呈对应 EKC 理论中的"N"形关系。

对模型求导可得极值点，解得拐点处人均产值为6.29万元和4.74万元（1952年基期值），对应碳排放量分别为951万吨（2022年）和985万吨（2018年）。

青海省第二产业碳排放与人均产值呈现显著的“N”形关联，2018年出现第一个拐点（碳排放量达985万吨阶段性峰值），2022年步入第二个上升阶段。此现象表明：2018年之前，产业升级与节能减排政策（如淘汰落后产能）切实降低了碳排放；然而，2020年之后，光伏材料加工等新兴高耗能行业扩张致使碳排放出现反弹。因此，需优化高耗能产业结构（如限制光伏材料加工等行业能耗强度），加速清洁能源替代进程（以青海盐湖工业绿电炼铝技术为例），推动碳排放尽早进入持续下降阶段。

青海省第二产业碳排放量与人均生产总值呈现显著的“N”形关联，2018年出现第一个转折点（碳排放量达985万吨阶段性峰值），2022年步入第二个上升阶段。此现象表明：2018年之前，产业升级与节能减排政策，如淘汰落后产能切实降低了碳排放；然而，2020年之后，高耗能行业如光伏材料加工等新兴高耗能行业扩张致使碳排放出现反弹。因此，需优化高耗能产业结构，加速清洁能源的替代进程（以青海盐湖工业电炼铝技术为例），推动碳排放尽早进入持续下降阶段。

（3）第三产业碳排放EKC曲线检验分析

2011—2022年青海省第三产业碳排放量与人均生产总值关系如图5-4所示。由图可知，青海省第三产业碳排放量随着人均产值的增长总体呈现持续上升趋势，且增幅逐渐加大，其中2019—2020年出现下降情况，随后两年持续上升。

对2011—2022年青海省第三产业碳排放量与人均生产总值关系进行曲线估计，二次模型的参数估计结果见表5-18。

图 5-4　2011—2022 年青海省第三产业碳排放量与人均生产总值关系

表 5-18　青海省第三产业碳排放和人均产值关系的参数估计

方程	模型摘要					参数估算值			
	R^2	F	自由度 1	自由度 2	显著性	常量	β_1	β_2	β_3
二次	0.913	60.895	2	9	0.000	390.267	−492.227	272.488	—

从表 5-18 可知，模型 R^2 为 0.931，调整 R^2 为 0.916，拟合效果极佳；F 检验值为 60.859（p=0.000<0.01），自变量解释力显著。二次曲线模型对应关系式如下：

$$Y_{it} = 390.267 - 492.227X + 272.488X^2 \quad (5\text{-}15)$$

一次项系数 β_1=−492.227（p=0.071>0.05，不显著），二次项系数 β_2=272.488（p=0.020<0.05，显著），根据 EKC 理论判定为"U"形关系。顶点公式计算拐点，对应的第三产业人均生产总值为 0.903 万元，对应的碳排放量为 167.93 万吨，时间点为 2013 年左右。

青海省第三产业碳排放与人均产值呈显著"U"形关系，2013 年出现拐点，碳谷值为 167.93 万吨，此后排放随经济增长持续上升。这与第三产业内部结构相关：2013 年前以低排放的传统服务业，如批发零售为主；2013 年后，高排放的现代服务业如物流、数据中心占比提升。需重点控制交通仓储业碳排放量，如推广电动货车、绿色冷链等，扶持低碳服务业如生态旅游、数字金融，推动第三产业尽早实现碳达峰。

5.3.4 青海省及三次产业碳达峰实现状态分析

青海省及三次产业碳排放 EKC 模型结果表明：全省整体与第二产业呈现“N”形关系，第三产业呈“U”形，第一产业无显著 EKC 特征，具体见表 5-19。当前，青海省碳排放随经济增长仍呈上升趋势，尚未实现碳达峰，低碳发展潜力体现在以下方面。

表 5-19 青海省和三次产业碳排放与人均产值回归模型结果

单位：万吨、万元

项目	EKC 结果	拐点相关信息				发展趋势
		碳排放	人均生产总值	年份	阶段	
青海省	“N”形	1998 1868	0.597 0.672	2015 2017	研究期内	2016 年后碳排放量随人均生产总值增长呈短暂下降趋势，2021 年后再次上升
第一产业	无显著 EKC 关系	—	—	—	研究期内	碳排放波动受政策、自然条件等非经济因素主导，与人均生产总值无显著非线性关系
第二产业	“N”形	985 951	4.74 6.29	2018 2022	研究期内	2018 年前碳排放量随人均产值增长呈先升后降趋势，2020 年后因高耗能行业复苏再次上升
第三产业	“N”形	167.93	0.903	2013	研究期内	2013 年后碳排放量随人均生产总值呈持续上升趋势，未达峰

总体上看，青海省碳排放量随着人均生产总值增长整体呈上升趋势，表明尚未实现碳达峰。若能在经济增长的同时实现碳排放持续下降，将凸显青海省低碳经济发展潜力。结合发展实际，青海省未来可聚集以下

方向。

第一，优化产业结构：加速淘汰落后高耗能产能，推动第二产业向绿色制造转型。尽管当前经济仍依赖第二产业，但“生态优先”的发展导向已确立并逐步落实。

第二，调整能源结构：依托风能、太阳能等可再生能源优势，构建绿电供应体系，推广低碳交通模式，持续提升清洁能源消费占比。

第三，管控第三产业排放：对交通仓储业等高排放领域实施耗能强调管控，限制高耗能服务扩张；扶持生态旅游、数字金融等低碳服务业，推动第三产业尽早实现碳达峰。

碳达峰的评价标准丰富多样，本书基于2011—2022年数据，通过构建人均GDP与碳排放量的非线性关系模型开展测算，结果显示：三次产业碳排放量与人均生产总值分别呈现“N”形（第二产业）和“U”形（第三产业）关系，据此判定青海省尚未实现碳达峰。

考虑到产业结构升级与政策干预的不确定性，碳排放与人均生产总值的关系可能向以下方向演进：①第二产业延续“N”形趋势；②第三产业在“U”形基础上叠加倒“U”形（形成“N”形）。因此，对青海省未来碳排放趋势进行情景预测，可为挖掘碳减排潜力、制定低碳经济政策提供量化支撑。

后续需基于三次产业碳排放与人均生产总值的非线性关系差异（如第二产业“N”形、第三产业“U”形），制定行业差异化控排策略。鉴于第三产业碳排放呈“U”形上升趋势，需重点调控其高排放领域（如交通仓储业）的能耗强度，推动低碳转型。

6

青海省碳排放情景预测及减排潜力分析

我国关于碳达峰碳中和的承诺需分批分步推进，要求各省同时实现并不现实。青海省具备独特的生态优势，应充分利用这一优势，持续降低碳排放，争取先于国家达成碳减排目标，从而有力地推动国家整体承诺的实现。

在研究青海省碳排放潜力之前，需对其碳排放变化趋势进行预测。本章运用 GM（1，1）预测模型，对 2023—2035 年青海省碳排放量的变化趋势展开预测，以此判断青海省实现碳减排的可能性。同时，对影响碳减排的关键因素，如能源消费、人口数量、产业结构、城镇化率等的变化趋势进行了预测。通过对这些减排因素变化趋势的分析，可以明确各因素对青海省实现碳减排的贡献程度。

在诸多影响因素中，识别出与碳排放关联度最高的因素，将其作为实现碳减排的核心环节加以管控，促使其朝着有利于碳减排的方向发展，这是挖掘青海省碳减排潜力的关键。

6.1 碳排放预测相关模型

6.1.1 GM（1，1）预测模型

灰色系统理论聚焦对部分已知信息的深度探究。它通过对有限信息的挖掘、开发，从中提炼出系统内具有较高价值的关键信息，进而探寻系统元素间的内在关联与变化规律。该理论能够基于所获取的信息，对整个系统的运行态势、发展变化以及长期的演化规律作出科学、准确的判断，为解决信息不完备、不确定性较强的复杂系统问题提供了有效的

方法与途径。

GM（1，1）模型的一般形式如下：

设原始序列：

$$X^{(0)}=\left\{X^{(0)}(1),\ X^{(0)}(2),\ \cdots,\ X^{(0)}(n)\right\} \tag{6-1}$$

式中，$X^{(0)}$为非负原始序列。

$X^{(1)}$为$X^{(0)}$的1–AGO序列，对$X^{(0)}$做一次累加生成：

$$X^{(1)}=\left\{X^{(1)}(1),\ X^{(1)}(2),\ \cdots,\ X^{(1)}(n)\right\} \tag{6-2}$$

式中，$X^{(1)}(k)=\sum_{i=1}^{k}X^{(0)}(i)$，$k=1, 2, \cdots, n$。

称$X^{(0)}(k)+aX^{(1)}(k)=b$为GM（1，1）模型的基本形式（原始形式）。

利用最小二乘法对参数向量求解可得$\hat{a}=(B^TB)^{-1}B^TY$。基于GM（1，1）模型的原始形式和估计模型参数，一次累加生成后再做紧邻均值生成序列。

$Z^{(1)}$为$X^{(1)}$的紧邻均值生成序列，

$$Z^{(1)}=\{Z^{(1)}(1),\ Z^{(1)}(2),\ Z^{(1)}(3),\ \cdots,\ Z^{(1)}(n)\} \tag{6-3}$$

$$Z^{(1)}(k)=1/2\{X^{(1)}(k)+X^{(1)}(k-1)\} \tag{6-4}$$

$X^{(1)}(k)+aZ^{(1)}(k)=b$为GM（1，1）的均值形式，参数向量代入式（6–4）可得

$$\frac{dx^{(1)}}{dt}+ax^{(1)}(t)=b \tag{6-5}$$

式（6–5）被称为$X^{(0)}(k)+aX^{(1)}(k)=b$的微分白化方程。将求得的参数估计值再代入微分白化方程，因为微分白化方程有连续的指数解，所以可以用指数解序列变化作出预测。a为发展系数，实质上反映了$\hat{X}^{(i)}$及$\hat{X}^{(0)}$序列的变化，即或增长或衰减的变化情况。b为灰作用量，这两个量是基于差分方程推测出来的。把a和b再代入方程。时间响应函数为

$$X^{(1)}_{(t)}=\left(X^{(1)}(t)-\frac{b}{a}\right)e^{-at}+\frac{b}{a} \tag{6-6}$$

GM（1，1）模型均值形式 $X^{(1)}(k)+aX^{(1)}(k)=b$ 时间响应序列为

$$\hat{X}^{(1)}(k+1)=\left(X^{(1)}(t)-\frac{b}{a}\right)e^{-ak}+\frac{b}{a}，k=1，2，3，\cdots，n \qquad (6\text{-}7)$$

通过累加逆运算可得原始序列 $X^{(0)}$ 预测值的还原值：

$$\begin{aligned}\hat{X}^{(0)}(k+1)&=a^{(1)}\hat{X}^{(1)}(k+1)\\&=\hat{X}^{(1)}(k+1)-\hat{X}^{(1)}(k)\\&=(1-e^{a})\left(X^{(0)}(1)-\frac{b}{a}\right)e^{-ak}\end{aligned}$$

$$k=1，2，3，\cdots，n \qquad (6\text{-}8)$$

GM（1，1）模型是对未来的预测模型，为了保证预测值的准确性，需要对模型进行多种方式的检验，只有检验合格后，才能利用模型进行预测。一般采用平均相对误差检验方法，又称残差检验。GM（1，1）模型计算出模拟数据与实际数据的误差并由式（6–9）计算出相对误差。

$$g(k)=X^{(0)}(k)-\hat{X}^{(0)}(k) \qquad (6\text{-}9)$$

$$m(k)=g(k)/X^{(0)}(k) \qquad (6\text{-}10)$$

$$\hat{m}(k)=1/n\sum_{k=1}^{n}m(k) \qquad (6\text{-}11)$$

根据结果计算可信度为

$$P^{0}=1-\hat{m}(k) \qquad (6\text{-}12)$$

小误差概率（P^0）预测精度评判标准如表 6–1 所示，通过表 6–1 确定建立 GM（1，1）模型的误差度是否通过检验。

表 6–1 小误差概率（P^0）预测精度评判标准

精度等级	小误差概率 P	应用建议
一级（好）	$P\geqslant 0.95$	模型精度高，可直接用于预测
二级（良好）	$0.80\leqslant P<0.95$	模型精度较好，可接受，需结合实际场景判断是否优化
三级（合格）	$0.70\leqslant P<0.80$	模型精度一般，需改进数据或调整模型（如引入新变量、增加样本量）
四级（不合格）	$P<0.70$	模型精度差，需重新构建模型（如更换模型类型、优化数据预处理）

6.1.2 GM（0，N）预测模型

GM（0，N）与 GM（1，1）模型均为灰色系统预测模型，由于 GM（0，N）模型不含导数，属于一种静态预测模型，该模型与多元回归模型形式原理相似，不同的是多元回归建模一般以原始数据为序列，不需要预先对序列处理，但 GM（0，N）的建模需要将序列预先处理为 1-AGO 序列。原始数据序列 1-AGO 为基础，设系统特征序列为

$$X_1^{(0)}=\left(X_1^{(0)}(1),\ X_1^{(0)}(2),\ \cdots,\ X_1^{(0)}(n)\right)$$

$$X_2^{(0)}=\left(X_2^{(0)}(1),\ X_2^{(0)}(2),\ \cdots,\ X_2^{(0)}(n)\right)$$

$$X_3^{(0)}=\left(X_3^{(0)}(1),\ X_3^{(0)}(2),\ \cdots,\ X_3^{(0)}(n)\right)$$

$$\vdots$$

$$X_n^{(0)}=\left(X_n^{(0)}(1),\ X_n^{(0)}(2),\ \cdots,\ X_n^{(0)}(n)\right)$$

其为相关因素序列，$X_i^{(1)}$为 $X_i^{(0)}$的 1-AGO 序列（i=1，2，⋯，n），

（6-13）

令 $u=[a,\ b_2,\ b_3,\ \cdots,\ b_n]^T$，

定理 10 设如定义 14 所述，

$$B=\begin{bmatrix}1 & x_2^{(1)}(1) & \cdots & x_n^{(1)}(1)\\ 1 & x_2^{(1)}(2) & \cdots & x_n^{(1)}(2)\\ \vdots & \vdots & & \\ 1 & x_2^{(1)}(n) & \cdots & x_n^{(1)}(n)\end{bmatrix}$$

$$B=\begin{bmatrix}1 & x_2^{(1)}(1) & x_3^{(1)}(1) & \cdots & x_n^{(1)}(1)\\ 1 & x_2^{(1)}(2) & x_3^{(1)}(2) & \cdots & x_n^{(1)}(2)\\ 1 & x_2^{(1)}(3) & x_3^{(1)}(3) & \cdots & x_n^{(1)}(3)\\ \vdots & \vdots & \vdots & \vdots & \vdots\\ 1 & x_2^{(1)}(n) & x_3^{(1)}(n) & \cdots & x_n^{(1)}(n)\end{bmatrix},\ Y=\begin{bmatrix}x_1^{(1)}(1)\\ x_1^{(1)}(2)\\ x_1^{(1)}(3)\\ \vdots\\ x_1^{(1)}(n)\end{bmatrix}$$

则参数列 $u=[a, b_2, b_3, \cdots, b_N]^T$ 的最小二乘估计为 $\hat{u}=(B^TB)^{-1}B^TY$。

系统特征数据序列的1–AGO序列模拟值为 $\hat{X}_i^{(1)}$，其中

$$\hat{X}_i^{(1)}(K)=a+b_2X_2^{(1)}(k)+b_3X_3^{(1)}(k)+\cdots+b_nX_n^{(1)}(k) \quad (6\text{-}14)$$

累减还原式为

$$X_i^{(1)}(K)=a+b_2X_2^{(1)}(k)+b_3X_3^{(1)}(k)+\cdots+b_nX_n^{(1)}(k) \quad (6\text{-}15)$$

式（6–15）为GM（0，N）模型。一般情况下，检验方法是平均相对误差法。设原始序列为

$$X^{(0)}=[X^{(0)}(1), X^{(0)}(2), \cdots, X^{(0)}(n)] \quad (6\text{-}16)$$

其相对应的预测模型模拟序列为

$$\hat{X}^{(0)}=[\hat{X}^{(0)}(1), \hat{X}^{(0)}(2), \cdots, \hat{X}^{(0)}(n)] \quad (6\text{-}17)$$

残差序列为

$$\begin{aligned}\varepsilon^{(0)} &= [\varepsilon^{(0)}(1), \varepsilon^{(0)}(2), \cdots, \varepsilon^{(0)}(n)] \\ &= [X^{(0)}(1)-\hat{X}^{(0)}(1), X^{(0)}(2)-\hat{X}^{(0)}(2), \cdots, X^{(0)}(n)-\hat{X}^{(0)}(n)]\end{aligned}$$

那么，对于 $k \leqslant n$，称 $\Delta_k=|\varepsilon(k)/X^{(0)}(k)|$ 为 k 点模拟相对误差，见式（6–18）：

$$\bar{\Delta}k-1/n\sum_{k=1}^{n}\Delta_k \text{ 为平均相对误差} \quad (6\text{-}18)$$

具体精度等级需要通过表6–2确认。

表6–2　精度检验等级参照

精度等级	平均相对误差
一级	0.01
二级	0.05
三级	0.10
四级	0.20

6.1.3　邓氏灰色关联度分析模型

灰色关联分析方法是在选取样本数量不多的前提下，利用定量描述和比较的方法发现系统发展变化态势，呈现的序列曲线的几何形状是判断

不同序列之间联系的依据，如果其相似程度高代表子系统间关联度高，反之，则关联度低。根据邓氏灰色关联度分析模型，将参考序列记为 $S(0)$；测算与参考序列关联度的比较序列，记为 $S(1)$，$S(2)$，…，$S(i)$，则有

$$S_i=[S_i(1),\ S_i(2),\ \cdots,\ S_i(k)] \tag{6-19}$$

关联度计算之前，要对序列做无量纲化处理，对给定序列进行变换，令

$$S_i'=\left[\frac{S_i(1)}{S_i(1)},\quad \frac{S_i(2)}{S_i(1)},\quad \cdots,\quad \frac{S_i(k)}{S_i(1)}\right] \tag{6-20}$$

可得原始数量初始化公差序列：

$$S_i'=[S_i'(1),\ S_i'(2),\ \cdots,\ S_i'(k)] \tag{6-21}$$

将式（6–20）初始化差序列代入式（6–21）：

$$\phi[S_0'(k),\ S_i'(k)]=\frac{\min_i\min_k|S'_0(k)-S'_i(k)|+p\max_i\max_k|S'_0(k)-S'_i(k)|}{|S'_0(k)-S'_i(k)|+p\max_i\max_k|S'_0(k)-S'_i(k)|} \tag{6-22}$$

式（6–22）中，$S_0'(k)-S_i'(k)$ 为绝对差序列，$\max_i\max_k|S_0'(k)-S_i'(k)|$ 为两级最大差（M）；$\min_i\min_k|S_0'(k)-S_i'(k)|$ 为两级最小差（m）。

关联系数数列为

$$\beta=[\phi_i(1),\ \phi_i(2),\ \cdots,\ \phi_i(k)] \tag{6-23}$$

进而由式（6–23）计算出关联度：

$$\phi(S_0,\ S_i)=1/n\sum_{k-1}^{n}\phi[S_0'(k),\ S_i'(k)] \tag{6-24}$$

6.2 青海省碳排放预测

6.2.1 碳排放预测情景假设

从第 5 章对 EKC 模型的分析可知，青海省及三次产业在碳排放达到

峰值后，未来将呈现逐年下降的趋势。然而，青海省的经济增长仍将保持发展态势，而经济发展离不开能源的支撑。因此，依据经济增长趋势，探究未来青海省碳排放变化趋势的预测工作尤为关键。对青海省未来碳排放增长速度的预测，将为制定碳减排政策提供有力支持。

鉴于未来经济社会发展存在诸多不确定性，为有效限制碳排放，笔者设定了高、中、低 3 种情景，从不同维度对未来青海省的碳排放情况进行预测。考虑到前文分析得出青海省碳排放在未来呈下降趋势，结合青海省碳排放量历年的实际情况，将 2011—2022 年青海省碳排放年平均增长率设定为高碳排放情景（R_H）。

通过 GM（1，1）模型对 2035 年前碳排放增长速度进行预测，为精确测算增速，利用该模型得出的灰色发展系数，计算未来青海省碳排放的年均增长率（R_M），计算公式为（R_M）$e^{-a}-1$（%），并将其设为中碳排放情景。低碳排放情景碳排放年平均增长率设定为（R_L）。按照高、中、低碳排放差相等的假设，$R_L=R_M-(R_H-R_M)$。

6.2.2 不同情景下碳排放预测

将2011—2022年青海省碳排放量数据作为原始序列，利用GM（1，1）模型对 2023—2035 年青海省碳排放量进行预测。计算结果如下：

将 2011—2022 年青海省碳排放值设为初始化建模原始序列，则

$X^{(0)}$=（1515.94，1682.95，1833.10，1985.99，2025.80，1749.02，1759.05，1986.26，2013.10，1990.94，2162.62，2163.09）

则生成的 1-AGO 序列为

$X^{(0)}$=（1691.49，3634.09，5757.49，7830.13，9791.37，11939.81，14095.81，16265.76，18429.50，20471.89）

从而 1-AGO 生成序列的紧邻均值生成序列为

$Z^{(0)}$=（2662.79，4695.79，6793.81，8810.75，10865.59，13017.81，15180.79，17347.63，19450.69）

代入 GM（1，1）模型，a 为发展系数，b 为灰色作用量：

$a=-0.0187$　　　　　　$b=1720.2322$

将参数代入GM（1，1）模型的还原值方程 $\hat{X}^{(0)}(k)=\hat{X}^{(1)}(k+1)-\hat{X}^{(1)}(k)$ 中，即

$$\hat{X}^{(0)}(2011+k)=(1-e^{a})(X^{(0)}(1)-\frac{b}{a})e^{-ak}+\frac{b}{a}$$

得出2023—2035年青海省碳排放值为

$$\hat{X}^{(0)}=(2167.16，2207.99，2249.59，\cdots，2563.55，2611.84，2611.05，2711.18)$$

此外，对预测精准度进行检验。将青海省碳排放原始数据与平均弱化缓冲算子序列分别代入模型，由表6–3可知，计算平均模拟的相对误差为4.55%，由式（6–12）可得 $P^0=1-4.55\%=95.45\%$，通过表6–1可知，预测精度属于好的范畴，表明构建的预测模型精准度极高，推测结果可信度高。

表6–3　青海省碳排放平均弱化缓冲算子模拟值与模拟误差

时序	年份	实际数据	模拟数据	残差	相对模拟误差（%）
1	2011	1515.94	1515.940	0.000	0.00
2	2012	1682.95	1764.944	–81.994	4.87
3	2013	1833.10	1798.194	34.906	1.90
4	2014	1985.99	1832.070	153.920	7.75
5	2015	2025.80	1866.584	159.216	7.86
6	2016	1749.02	1901.749	–152.729	8.73
7	2017	1759.05	1937.575	–178.525	10.15
8	2018	1986.26	1974.077	12.183	0.61
9	2019	2013.10	2011.267	1.833	0.09
10	2020	1990.94	2049.157	–58.217	2.92
11	2021	2162.62	2087.761	74.859	3.46
12	2022	2163.09	2127.092	35.998	1.66

青海省碳排放原始数据和模拟数据曲线对比如图6–1所示。将青海省碳排放原始数据和模拟数据进行曲线对比，发现两者拟合度较好，变化基本一致，总体呈上升趋势。

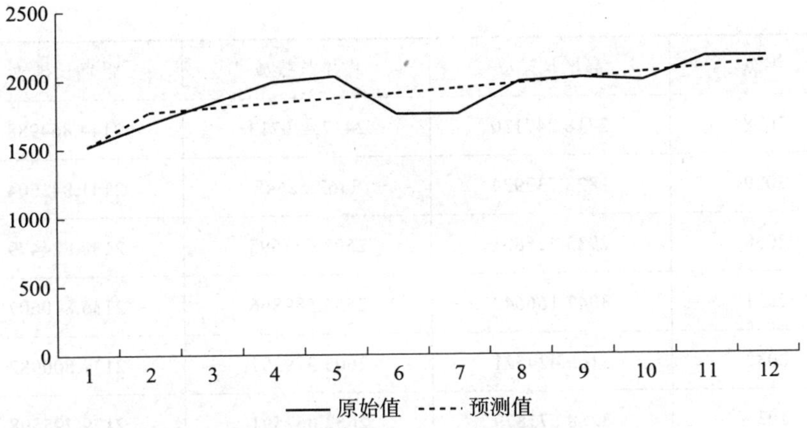

图 6-1 青海省碳排放原始数据和模拟数据曲线对比

由 2011—2022 年青海省碳排放原始数据可知，碳排放量由 2011 年的 1515.94 万吨增长到 2022 年的 2163.09 万吨，年均增长率为 3.88%，将其设定为青海省高碳排放情景。根据 GM（1，1）模型计算出灰色发展系数为 –0.0187，推算出 2023—2035 年青海省碳排放年均增长率为 1.87%，将其设定为青海省中碳排放情景，两者之间相差 2.01%，低增长率为 –0.14%。由此可计算出高、中、低 3 种情景下 2023—2035 年青海省碳排放量预测值（见表 6–4）。在高、中碳排放情景下，青海省碳排放预测值呈现增长的趋势。在低碳排放情景下，青海省碳排放预测值呈下降趋势，这意味着在低碳排放情景下，碳减排的潜力较大。

表 6–4 2023—2035 年青海省碳排放预测值 单位：万吨

年份	高增长排放	中增长排放	低增长排放
2023	2247.036660	2203.538831	2160.041002
2024	2334.242188	2244.745007	2156.997233
2025	2424.832086	2286.721739	2153.957753
2026	2518.937698	2329.483435	2150.922556
2027	2616.695467	2373.044775	2147.891637

续表

年份	高增长排放	中增长排放	低增长排放
2028	2718.247130	2417.420713	2144.864988
2029	2823.739924	2462.62648	2141.842604
2030	2933.326801	2508.677595	2138.824479
2031	3047.166649	2555.589866	2135.810607
2032	3165.424521	2603.379397	2132.800982
2033	3288.271879	2652.062591	2129.795598
2034	3415.886834	2701.656162	2126.794449
2035	3548.454415	2752.177132	2123.797529

6.2.3 不同情景下三次产业碳排放预测

同理，将2011—2022年青海省三次产业碳排放量作为原始序列，利用GM（1，1）模型对2023—2035年青海省三次产业碳排放量进行预测。设三次产业的指标分别为$\boldsymbol{X}^{(0)}{}_1$、$\boldsymbol{X}^{(0)}{}_2$、$\boldsymbol{X}^{(0)}{}_3$，计算结果如下：

发展系数a_1=0.001和灰色作用量b_1=39.5326，

$$\hat{X}^{(0)}{}_1(2011+k)=(1-e_1^a)(X^{(0)}(1)-b_1/a_1)\ e^{-ak}+b_1/a_1$$

发展系数a_2=−0.0071和灰色作用量b_2=2001.0114，

$$\hat{X}^{(0)}{}_2(2011+k)=(1-e_2^a)(X^{(0)}(1)-b_2/a_2)\ e_2^{-ak}+b_2/a_2$$

发展系数a_3=−0.0507和灰色作用量b_3=157.3910，

$$\hat{X}^{(0)}{}_3(2011+k)=(1-e_3^a)(X^{(0)}(1)-b_3/a_3)\ e_3^{-ak}+b_3/a_3$$

此外，对预测精准度进行检验。三次产业碳排放的GM（1，1）模型的平均模拟相对误差分别是3.58%、6.09%、4.17%，对应的P^0值分别为96.42%、93.91%、95.83%，通过表6-1可知，预测精度属于良好及以上的范畴，表明构建的预测模型精准度符合要求，推测结果可信度高。

三次产业碳排放增长率情景假定如表 6–5 所示，2011—2022 年青海省第一产业碳排放年均增长率为 0.21%，将其设定为青海省第一产业高碳排放情景。根据灰色 GM（1，1）模型计算出灰色发展系数为 0.001，推算出 2023—2035 年青海省第一产业碳排放年均增长率为 –0.10%，将其设定为青海省第一产业中碳排放情景，两者之间相差 0.31%，低增长率为 –0.41%。

表 6–5 三次产业碳排放增长率情景假定

产业	原始年均增长率（%）	情景设定	灰色发展系数	模拟年均增长率（%）	情景设定	模拟年均增长率（%）	情景设定
第一产业	0.21	高	0.001	–0.10	中	–0.41	低
第二产业	5.54	高	–0.0071	0.71	中	–4.12	低
第三产业	5.74	高	–0.0507	5.07	中	4.40	低

第二产业碳排放年均增长率为 5.54%，将其设定为青海省第二产业高碳排放情景。根据灰色 GM（1，1）模型计算出灰色发展系数为 –0.0071，推算出 2023—2035 年青海省第二产业碳排放年均增长率为 0.71%，将其设定为青海省第二产业中碳排放情景，两者之间相差 4.83%，则低增长率为 –4.12%。

青海省第三产业碳排放年均增长率为 5.74%，将其设定为青海省第三产业高碳排放情景。根据灰色 GM（1，1）模型计算出灰色发展系数为 –0.0507，推算出 2023—2035 年青海省第三产业碳排放年均增长率为 5.07%，将其设定为青海省第三产业中碳排放情景，两者之间相差 0.67%，则低增长率为 4.40%。

由此可计算出高、中、低 3 种情景下 2023—2035 年青海省三次产业碳排放量预测值（见表 6–6）。

表 6-6 2023—2035 年青海省三次产业碳排放量预测值 单位：万吨

年份	第一产业情景			第二产业情景			第三产业情景		
	高	中	低	高	中	低	高	中	低
2023	18.36	18.30	18.24	1187.41	1133.07	1078.73	296.69	294.81	292.93
2024	18.40	18.28	18.17	1253.19	1141.11	1034.28	313.72	309.75	305.81
2025	18.44	18.27	18.10	1322.62	1149.21	991.67	331.72	325.46	319.27
2026	18.47	18.25	18.02	1395.89	1157.37	950.81	350.76	341.96	333.32
2027	18.51	18.23	17.95	1473.22	1165.59	911.64	370.90	359.29	347.98
2028	18.55	18.21	17.87	1554.84	1173.87	874.08	392.19	377.51	363.30
2029	18.59	18.19	17.80	1640.98	1182.20	838.07	414.70	396.65	379.28
2030	18.63	18.17	17.73	1731.89	1190.60	803.54	438.50	416.76	395.97
2031	18.67	18.16	17.65	1827.84	1199.05	770.43	463.67	437.89	413.39
2032	18.71	18.14	17.58	1929.10	1207.56	738.69	490.29	460.09	431.58
2033	18.75	18.12	17.51	2035.97	1216.14	708.26	518.43	483.42	450.57
2034	18.79	18.10	17.44	2148.76	1224.77	679.08	548.19	507.93	470.39
2035	18.83	18.08	17.37	2267.80	1233.47	651.10	579.65	533.68	491.09

2023—2035 年青海省三次产业碳排放预测值趋势见图 6-2。从图 6-2（c）可看出，在高、中、低碳排放情景下，第三产业的碳排放均呈上升趋势。如图 6-2（a）所示，在中、低碳情景下，第一产业均呈下降态势。如图 6-2（b）所示，在低碳情境下，第二产业碳排放呈现下降趋势。因此，在高、中碳排放情景下，青海省第三次产业的碳排放将作为挖掘碳减排潜力的重点。

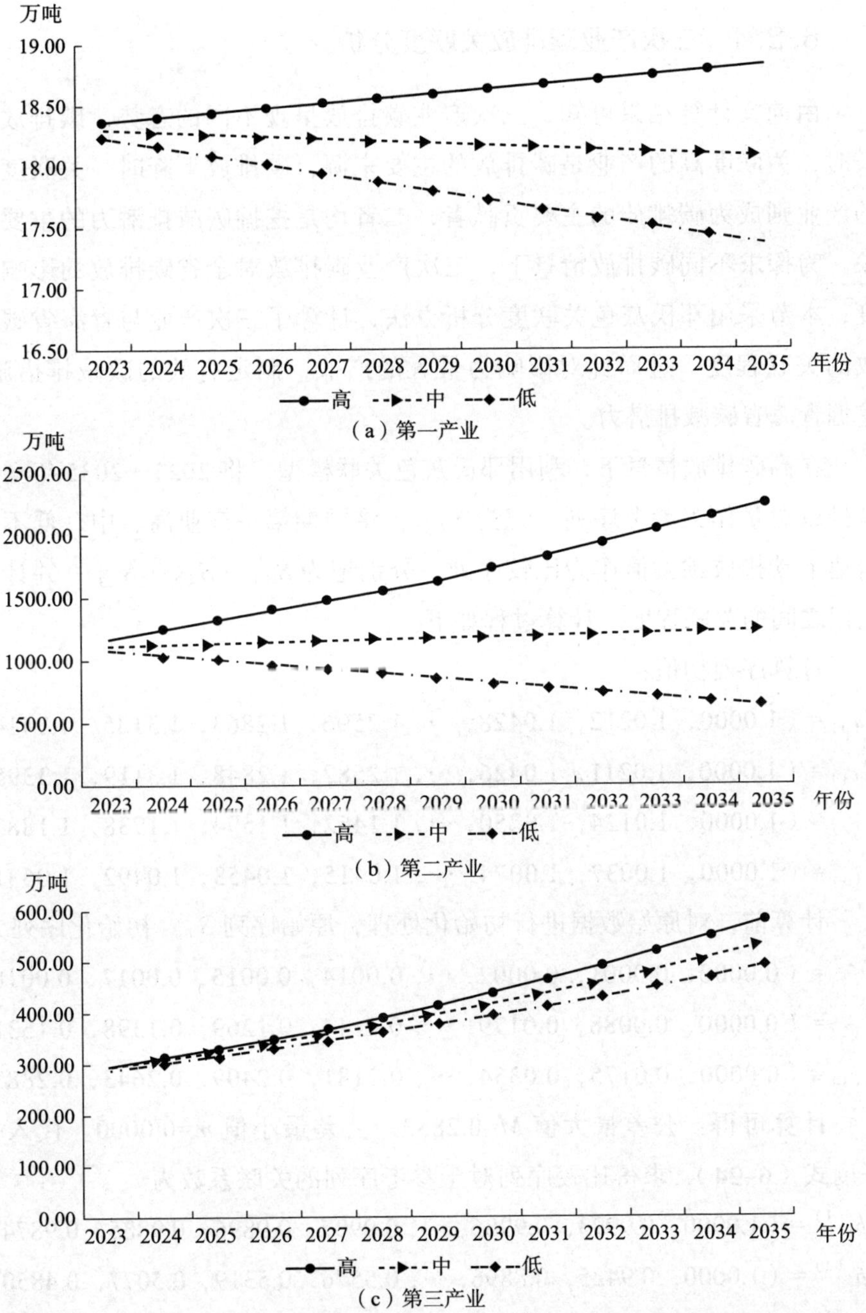

图 6-2　2023—2035 年青海省三次产业碳排放预测值趋势

6.2.4 三次产业碳排放关联度分析

由前文计算结果可知，三次产业碳排放呈现不同的态势，碳排放增长时，关联度高的产业是碳排放的主要来源；碳排放下降时，关联度低的产业则成为碳排放的主要贡献者，二者均是挖掘碳减排潜力的重要对象。为探求不同碳排放情景下，三次产业碳排放对全省碳排放的影响程度，本节采用邓氏灰色关联度分析方法，计算了三次产业与青海省碳排放的关联程度，进而针对影响力最大的产业，制定有效的碳减排措施，挖掘青海省碳减排潜力。

在高碳排放情景下，利用邓氏灰色关联模型，将2023—2035年全省碳排放总量作为参考序列，记为$S_{(0)}$；将同期第一产业高、中、低不同增速下碳排放预测值作为比较序列，分别记为$S_{(1)}$、$S_{(2)}$、$S_{(3)}$，并计算它们之间的关联程度。计算过程如下。

计算序列初值：

$S_{(0)}$=（1.0000，1.0212，1.0428，…，1.2596，1.2863，1.3135，1.3414）

$S_{(1)}$=（1.0000，1.0211，1.0426，…，1.2582，1.2848，1.3119，1.3395）

$S_{(2)}$=（1.0000，1.0124，1.0250，…，1.1452，1.1594，1.1738，1.1883）

$S_{(3)}$=（1.0000，1.0037，1.0074，…，1.0415，1.0453，1.0492，1.0531）

计算前，对原始数据进行初始化处理，原始序列$S_{(m)}$初始化序列为

$S'_{(1)}$=（0.0000，0.0001，0.0002，…，0.0014，0.0015，0.0017，0.0018）

$S'_{(2)}$=（0.0000，0.0088，0.0179，…，0.1144，0.1269，0.1398，0.1531）

$S'_{(3)}$=（0.0000，0.0175，0.0354，…，0.2181，0.2409，0.2643，0.2883）

计算可得：公差最大值M=0.2883；公差最小值m=0.0000。代入关联度式（6–24），求得比较序列对于参考序列的关联系数为

$\phi^{(1)}$=（1.0000，0.9993，0.9986，…，0.9907，0.9896，0.9885，0.9874）

$\phi^{(2)}$=（1.0000，0.9425，0.8896，…，0.5576，0.5319，0.5077，0.4850）

$\phi^{(3)}$=（1.0000，0.8917，0.8027，…，0.3979，0.3743，0.3529，0.3333）

最后求得在高碳排放情景下，青海省第一产业与全省碳排放的邓氏

灰色关联度结果。同理，可求得在高碳排放情景下，高、中、低不同增长速度下，第二产业、第三产业与全省碳排放预测值间的关联度结果，详见表 6-7~ 表 6-9。

表 6-7 高碳排放情景下三次产业关联度

高碳排放情景下	第一产业	第二产业	第三产业
高	0.6064	0.7966	0.6074
中	0.5920	0.7164	0.6963
低	0.5787	0.5619	0.8302

表 6-8 中碳排放情景下三次产业关联度

中碳排放情景下	第一产业	第二产业	第三产业
高	0.6278	0.5978	0.5985
中	0.5955	0.8244	0.6402
低	0.5676	0.5542	0.6888

表 6-9 低碳排放情景下三次产业关联度

低碳排放情景下	第一产业	第二产业	第三产业
高	0.5608	0.5890	0.5901
中	0.8972	0.9025	0.6184
低	0.6229	0.7171	0.6497

总体来看，通过前文分析可知，无论在高碳排放情景下，还是中、低碳排放情景下，第二产业碳排放均是青海省碳排放的最主要来源，其碳排放量对全省碳排放量影响显著。因此，青海省挖掘碳减排潜力的重点应聚焦在第二产业。

在低碳排放情景下，青海省碳排放预测值呈下降趋势。进一步分析产业关联度发现，第二产业关联度最大，第三产业关联度最小。这表明当青海省碳排放量下降时，第二产业的碳减排成效显著，是推动全省碳排放量下降的主要原因。

6.3 青海省碳排放驱动因素减排潜力分析

第5章已指出，经济产出、能源强度、产业结构、人口因素等减排因素对青海省碳减排具有显著影响。这些减排因素的发展趋势将决定青海省未来的碳减排潜力。具体而言，当具有负向拉动作用的相关减排因素呈现持续增长趋势时，青海省碳减排潜力将显著提升；当具有正向影响的减排因素持续下降时，青海省也将展现出较大的碳减排潜力。因此，这些因素的未来走向是决定青海省碳减排潜力的关键。

6.3.1 相关驱动因素预测结果

表6-10 青海省碳排放影响因素

年份	人口总量（万人）	GDP（亿元）	能源强度（吨/万元）	产业结构（%）	城镇化率（%）
2011	568	234.73	13.40	80.86830974	46.53
2012	571	261.02	13.32	82.66457910	47.85
2013	571	289.22	13.03	83.50018099	49.29
2014	576	315.82	12.64	84.08132847	50.84
2015	577	341.63	12.10	84.13574818	51.67
2016	582	368.41	11.13	84.49463321	53.55
2017	586	395.08	10.61	84.37645467	55.45
2018	587	423.29	10.31	84.69145892	57.27
2019	590	448.90	9.43	84.93104730	58.78

续表

年份	人口总量（万人）	GDP（亿元）	能源强度（吨/万元）	产业结构（%）	城镇化率（%）
2020	593	455.45	9.11	85.92658419	60.08
2021	594	482.01	9.74	86.25337917	61.46
2022	595	492.90	9.73	86.34159178	61.43

为了保证本章预测方法模型的一致性，同样利用 GM（1，1）模型进行预测。本节选取表 6-10 中的 2011—2022 年数据，对相关影响因素进行预测，模拟预测如图 6-3 至图 6-7 和表 6-11 至表 6-15 所示。

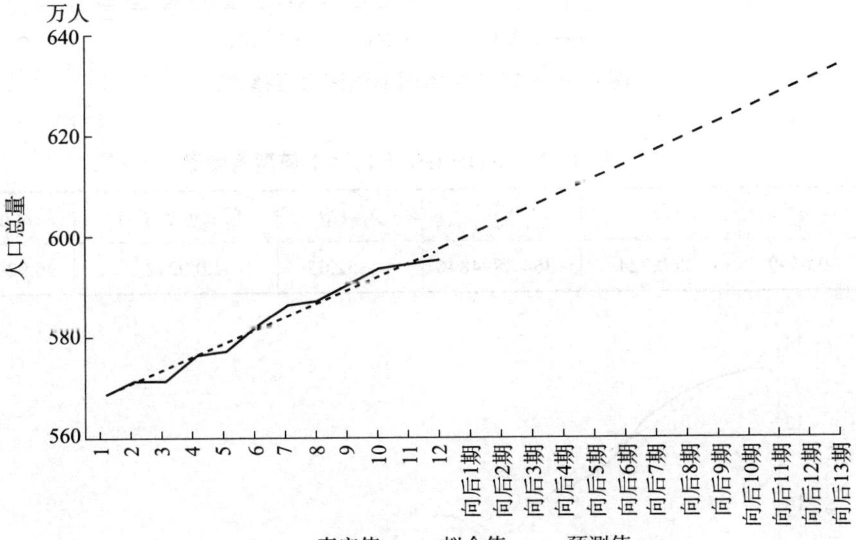

图 6-3 人口总量原始图形预测数据模拟

表 6-11 人口总量 GM（1，1）模型各参数

a	b	b/a	X_0-b/a	后验差比 C 值	精准度
-0.0046	566.6603	-123187.022	123755.02	0.0201	99.8%

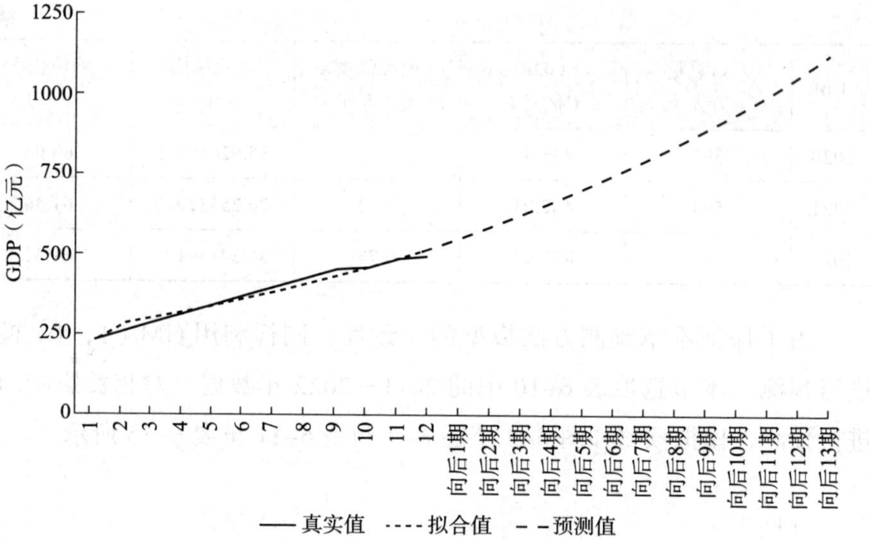

图 6-4 GDP 原始图形预测数据模拟

表 6-12 GDP GM（1，1）模型各参数

a	*b*	*b*/*a*	X_0–*b*/*a*	后验差比 *C* 值	精准度
–0.0599	260.724	–3647.894846	–4352.65	0.0242	96.92%

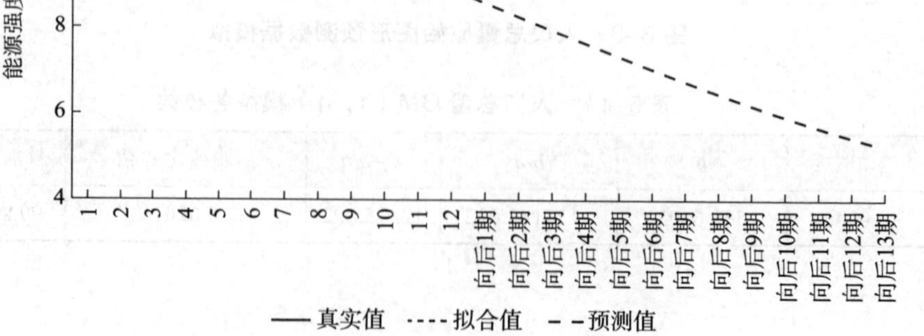

图 6-5 能源强度原始图形预测数据模拟

表 6-13 能源强度 GM（1，1）模型各参数

a	b	b/a	X_0-b/a	后验差比 C 值	精准度
0.0404	14.1792	350.97	−337.57	0.0693	96.44%

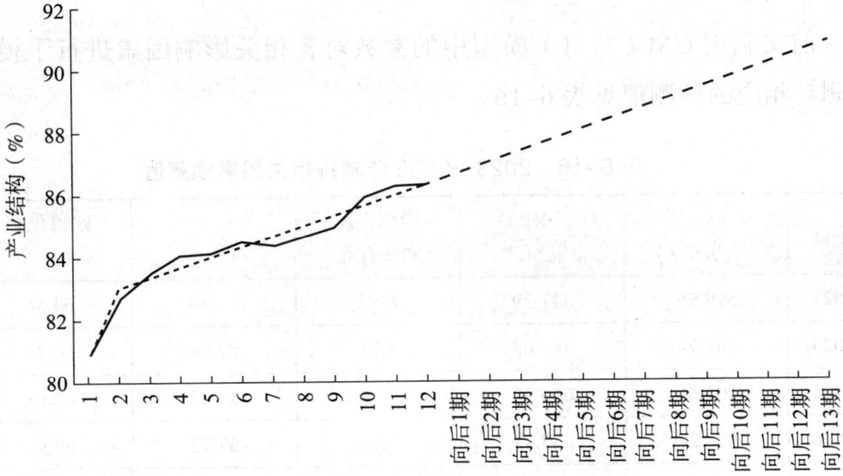

图 6-6 产业结构原始图形预测数据模拟

表 6-14 产业结构 GM（1，1）模型各参数

a	b	b/a	X_0-b/a	后验差比 C 值	精准度
−0.0039	82.5302	−21161.59	21242.46	0.0313	99.71%

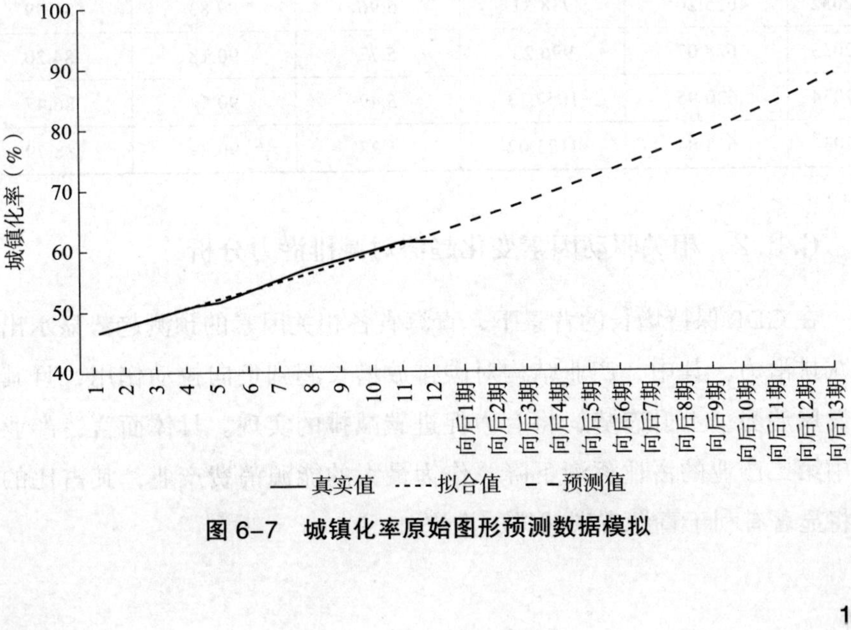

图 6-7 城镇化率原始图形预测数据模拟

表 6-15 城镇化率 GM（1，1）模型各参数

a	b	b/a	X_0-b/a	后验差比 C 值	精准度
−0.0266	46.3280	−1741.6500	1788.1800	0.0129	99.18%

前文利用 GM（1，1）模型中的参数对各相关影响因素进行了模拟预测，相应的预测值见表 6-16。

表 6-16 2023—2035 年减排相关因素预测值

年份	人口总量（万人）	GDP（亿元）	能源强度（吨 / 万元）	产业结构（%）	城镇化率（%）
2023	599.99	547.29	8.57	86.69	64.56
2024	602.74	581.08	8.23	87.04	66.30
2025	605.51	616.95	7.90	87.38	68.08
2026	608.28	655.03	7.59	87.73	69.91
2027	611.07	695.47	7.29	88.07	71.80
2028	613.87	738.40	7.00	88.42	73.73
2029	616.68	783.98	6.72	88.77	75.71
2030	619.51	832.37	6.46	89.12	77.75
2031	622.35	883.76	6.20	89.47	79.84
2032	625.20	938.31	5.96	89.83	81.99
2033	628.07	996.23	5.72	90.18	84.20
2034	630.95	1057.73	5.49	90.54	86.47
2035	633.84	1123.02	5.28	90.89	88.79

6.3.2 相关驱动因素变化趋势对减排潜力分析

在 GDP 保持增长的背景下，青海省各相关因素的预测趋势显示出其碳减排潜力。其中，产业结构对碳排放增长起到负向拉动作用，且其未来发展趋势呈上升态势，将有力促进碳减排的实现。具体而言，产业结构中第二产业的占比逐渐下降，作为最大的能源消费产业，其占比的降低将显著有利于青海省碳减排的推进。

6.4 减排驱动因素对青海省碳减排贡献力分析

人口总量、GDP、能源强度、产业结构和城镇化率等是影响青海省碳排放的主要驱动因素。这些驱动因素与碳排放存在密切的内在关联。通过识别对碳减排影响显著且最易调节的因素，并将其作为挖掘青海省碳减排潜力的主要方向，将有助于实现青海省碳减排目标。因此，本节将重点分析各驱动因素对碳减排的具体贡献程度。

6.4.1 驱动因素与碳减排贡献力关联性分析

为了准确判断各因素的影响程度，本节关联度测算分为2011—2022年、2023—2035年两个阶段，分析不同因素在不同阶段的影响力，查找青海省碳减排过程中各因素的影响力。

2011—2022年的关联度分析。通过前文分析可知，选取2011—2022年青海省人口总量、GDP、能源强度、产业结构（第二产业占比）、城镇化率等相关因素作为挖掘青海省碳减排潜力的相关影响因素。具体数据见表6–10。

通过灰色关联分析方法对相关因素进行计算，各因素与青海省碳排放的关联度计算结果见表6–17。

表6–17 各相关因素关联度

影响因素	人口总量	GDP	能源强度	产业结构	城镇化率
关联度	0.630	0.608	0.506	0.648	0.815

由表6–17可知，城镇化率关联度最高，其后依次是产业结构（第二产业占比）、人口总量、GDP、能源强度。这表明2011—2022年城镇化率对碳排放的影响最为显著，而产业结构调整和能源强度的下降对碳减排起到了重要作用。

2023—2035 年的关联度分析。根据 2023—2035 年青海省碳排放量的预测，不同情景下碳排放呈现不同的趋势。在高、中碳排放情景下，青海省碳排放预测值均呈增长趋势；而在低碳排放情景下，碳排放预测值呈下降趋势。出现这种差异主要是因为各驱动因素在未来的发展变化趋势不同。

为了探求各驱动因素对提升碳减排潜力的贡献程度，本节选取 2023—2035 年青海省人口总量、GDP、能源强度、产业结构（第二产业占比）和城镇化率等相关因素，利用灰色关联模型研究不同碳排放情景下各驱动因素的贡献程度。通过灰色关联分析方法对相关因素进行计算，各因素与青海省碳排放的关联度计算结果见表 6–18。

表 6–18 不同碳排放情景下各相关因素关联度

	人口总量	GDP	能源强度	产业结构	城镇化率
高碳情景下	0.702	0.740	0.562	0.699	0.852
中碳情景下	0.825	0.601	0.599	0.820	0.880
低碳情景下	0.938	0.592	0.749	0.944	0.763

总体来看，2011—2022 年，青海省城镇化率对碳排放的影响程度最大，且明显高于其他因素。研究期内，城镇化率呈现增长态势，但其对碳排放的推动作用并不显著，这表明城镇化率并非碳减排的主要驱动力。相反，其他因素（如产业结构调整和能源强度下降）对碳减排的贡献更为突出。

在 2023—2035 年的预测中，低碳情景下的碳排放量呈下降趋势，显示出一定的碳减排潜力。然而，在高碳和中碳情景下，碳排放量呈上升趋势。

高碳情景：城镇化率的贡献关联度最高，其次是 GDP、人口总量、产业结构（第二产业占比）和能源强度。这表明在高碳情景下，城镇化率对碳排放的推动作用最为显著。

中碳情景：城镇化率的贡献关联度仍然最高，说明其对碳排放的推动作用持续存在。

低碳情景：GDP 的贡献关联度最低，表明在低碳情景下，经济增长对碳排放的影响相对较小。

因此，为了有效推进碳减排，应将控制城镇化率和优化产业结构（特别是降低第二产业占比）作为减排的重点方向。同时，需进一步强化能源强度的降低和可再生能源的利用，以提升整体减排效果。

6.4.2　驱动因素对碳减排贡献力影响程度分析

通过各驱动因素对碳减排的关联度测算结果，可以比较各驱动因素对碳减排贡献的关联程度，但难以衡量各驱动因素对碳减排贡献的具体影响趋势和影响程度。按照单一变量法理论，假设作为目标因子的碳排放变化 1 个单位，其他因子保持不变，就可以分析比较各因子的变化值。公式系数可以客观反映各因素间的关系，即各相关驱动因素对青海省碳减排贡献的影响程度。

本节利用 GM（0，6）模型，对 2023—2035 年各驱动因素与青海省高排放情景碳排放量的发展趋势进行预测。将碳排放（X_1）设为系统特征序列，人口总量（X_2）、GDP（X_3）、能源强度（X_4）、产业结构（第二产业占比）（X_5）、城镇化率（X_6）作为相关序列构建模型，通过各因素的系数来判断各驱动因素对碳排放的具体影响程度。本节利用 GM（0，6）模型计算系统特征数据 $X_1^{(1)}$ 的 1-AGO（一次累加生成序列）$Z_1^{(1)}$ 以及 $X_i^{(0)}$ 的 1-AGO 序列值，具体结果见表 6-19。

表 6-19　碳排放及相关因素 1-AGO 序列值

$Z^{(1)}_{1}$	$X^{(1)}_{2}$	$X^{(1)}_{3}$	$X^{(1)}_{4}$	$X^{(1)}_{5}$	$X^{(1)}_{6}$
6390.65	1797.80	1634.92	25.00	258.62	191.95
8611.82	2403.14	2258.76	32.55	345.48	259.75
10880.08	3011.54	2926.73	39.73	432.65	329.55
13196.42	3623.02	3641.96	46.56	520.15	401.42
15561.88	4237.59	4407.79	53.06	607.97	475.41
17977.48	4855.26	5227.80	59.25	696.12	551.59

续表

$Z^{(1)}_1$	$X^{(1)}_2$	$X^{(1)}_3$	$X^{(1)}_4$	$X^{(1)}_5$	$X^{(1)}_6$
20444.29	5476.07	6105.82	65.14	784.60	630.02
22963.39	6100.01	7045.96	70.75	873.41	710.77
25535.91	6727.10	8052.61	76.09	962.55	793.90
28162.96	7357.37	9130.48	81.16	1052.02	879.50
30845.70	7990.83	10284.60	86.00	1141.83	967.62
33585.31	8627.49	11520.37	90.60	1231.96	1058.34
36383.01	9267.37	12843.57	94.98	1322.44	1151.75

通过 GM（0，6）模型的分析，可以明确各驱动因素对青海省碳排放的影响程度和趋势，为制定针对性的减排策略提供科学依据。例如，能源强度和产业结构调整对碳减排的贡献显著，而人口总量和 GDP 增长可能对碳排放产生推动作用。因此，青海省在制定碳减排政策时，应重点关注能源强度的降低和产业结构的优化，同时合理控制人口增长和经济发展对碳排放的影响。

对原始数据做 1-AGO 处理，得到矩阵 B

矩阵 B				
1634.917834	25.0024247	258.6247935	191.9467091	1
2258.755971	32.54570994	345.4756372	259.7476202	1
2926.728533	39.72509551	432.649765	329.5523722	1
3641.957879	46.55813647	520.1483802	401.4201881	1
4407.787266	53.06154102	607.9726907	475.4120414	1
5227.796474	59.25121134	696.1239088	551.5907075	1
6105.818542	65.14228243	784.6032513	630.0208172	1
7045.957683	70.7491592	873.4119396	710.7689113	1
8052.608466	76.08555161	962.5511996	793.9034974	1
9130.476365	81.16450823	1052.022262	879.4951078	1
10284.59975	85.99844818	1141.826361	967.6163592	1

续表

矩阵 B				
11520.37343	90.59919143	1231.964738	1058.342015	1
12843.57389	94.97798774	1322.438636	1151.749047	1

系统发展系数和驱动项的生成：a 为 −0.0024，b 分别为 17.1515、−0.0216、1.7398、−105.7137、15.2007。

系统特征序列的模拟值：

$\hat{X}^{(0)}$ =（2085.69，2085.69，2175.06，⋯，2627.05，2682.74，2739.62，2797.70）

残差：−9.87，−9.98，−10.09，−10.21，−10.33，−10.45，−10.57，−10.70，
−10.84，−10.97，−11.11，−11.26，−11.41，−11.57，−11.73。

相对误差：0.47%，0.47%，0.46%，0.46%，0.46%，0.45%，0.45%，0.44%，0.44%，0.44%，0.43%，0.43%，0.43%，0.42%，0.42%。

平均相对模拟误差：0.44%。

精度：99.56%。

计算得出 GM（0，6）模型的精准度为 99.56%，由表 6-2 可知，模型精度属于一级精度，可进行系统预测。建立的 GM（0，6）模型为

$$X^{(1)}{}_{1}(k)=-0.0024+17.1515X^{(1)}{}_{2}(k)-0.0216X^{(1)}{}_{3}(k)\\ 1.7398X^{(1)}{}_{4}(k)-105.7137X^{(1)}{}_{5}(k)+\\ 15.2007X^{(1)}{}_{6}(k) \tag{6-25}$$

式（6-25）中的各因素系数可以客观反映各因素之间的关系，即各相关驱动因素对青海省碳减排贡献的影响程度。在其他因子保持不变的情况下，从系数的实际意义来看，GDP 和产业结构（第二产业占比）的系数为负值，这意味着它们的增长对碳排放产生负向拉动作用。具体而言，GDP 每增长 0.0216 个单位，碳排放减少 1 个单位；第二产业占比每增加 105.7137 个单位，碳排放减少 1 个单位。

相比之下，人口总量、能源强度和城镇化率对青海省碳排放增长

起到正向促进作用，其与碳排放变化的比值分别为 17.1515 : 1.7398 : 15.2007。正向拉动作用的大小排序为人口总量 > 城镇化率 > 能源强度。

各相关因素的未来发展趋势将决定 2023—2035 年青海省碳减排目标的实现可能性，也是挖掘碳减排潜力的重要途径。当具有碳排放负向拉动作用的因素呈现持续增长趋势时，青海省的碳减排潜力较大；而当具有碳排放正向拉动作用的因素呈持续下降趋势时，青海省同样表现出良好的碳减排潜力。

因此，青海省碳减排的主要工作是采取措施保障各相关因素按照预测的方向发展：一方面，充分发挥负向拉动作用的因素（如 GDP 增长和产业结构优化）的积极效果；另一方面，抑制对碳排放起正向拉动作用的因素（如人口总量、能源强度和城镇化率）的增长。通过双向合力，青海省可以实现低碳经济发展的目标。

7

青海省实现“双碳”目标的路径选择和保障措施

我国为实现“双碳”目标，已着手研究制定碳达峰碳中和等一系列政策方案。作为生态资源大省，青海省在碳减排工作中责无旁贷。当前，青海省经济正处于向高质量发展转型的关键阶段，传统的粗放型、高碳发展模式已难以为继。为实现“双碳”目标，青海省应以碳减排相关影响因素和重点产业为突破口，深入挖掘碳减排潜力，采取有效措施抑制碳排放增长的不利因素，同时积极促进有利于碳排放减少的驱动因素。

本章围绕青海省贯彻落实生态文明建设和绿色低碳发展理念，结合青海省生态资源禀赋、产业基础条件和科技研发能力等实际情况，提出碳减排路径选择建议及相应的保障措施。

7.1 路径选择

7.1.1 加快新能源规模化开发，加快构建清洁能源体系

能源是经济社会发展的重要物质基础，也是碳排放的主要来源。为实现“双碳”目标，必须在保障能源安全的前提下，加快新能源规模化开发，构建清洁、低碳、安全、高效的能源体系。

（1）持续推进黄河上游水电基地建设

加快推进黄河上游水电基地建设，重点做好以下工作。

第一，环评与核准工作。加强与生态环境部的衔接，严格落实环境影响反馈性评价审查意见，推动羊曲水电站项目环评报告获批。环评通

过后，积极协调配合国家能源局完成项目核准工作。

第二，安全隐患排查。加强玛尔挡水电站的安全准备工作，特别是汛期安全隐患的排查与整改。

第三，政策落实与项目推进。推动国家发展改革委对黄河上游水电开发有限责任公司拉西瓦、李家峡扩机项目的容量电价政策落地，并按规定时限完成茨哈峡、尔多水电站及抽水蓄能电站的前期准备工作。

第四，环境回顾性评价。统筹安排茨哈至羊曲河段的环境影响回顾性评价工作，科学推进茨哈峡水电站的前期工作，确保水保和环保专题报告编制顺利完成。

第五，协调沟通。加强与相关部门的协调，先行完成尔多水电站可行性研究报告的编制与审查工作，同步推进抽水蓄能选点规划及上报工作，为抽水蓄能电站建设奠定基础，并启动哇让抽水蓄能电站的前期工作。

（2）打造国家级光伏发电和风电基地

充分发挥青海省风、光资源优势，推动新能源基地建设。

第一，区域布局。以海南藏族自治州、海西蒙古族藏族自治州千万千瓦级新能源基地建设为重点，构建海北藏族自治州、黄南藏族自治州新能源网络，全面推进共和、同德、贵南、兴海等县的分布式光伏开发。

第二，电网基础设施建设。加强海西蒙古族藏族自治州可再生能源富集地区的电网配套工程及主网架建设，提升关键断面送出能力，支持可再生能源的区域内消纳。

第三，配电网升级。推动配电网扩容改造和智能化升级，提升柔性接入能力、灵活控制能力和抗扰动能力，增强电网就地平衡能力。

（3）有序推进非常规能源勘探开发利用

针对非常规能源勘探开发，重点开展以下工作。

第一，干热岩勘探。加强与自然资源部、青海省政府及中国石化集团的合作，推进青海共和盆地干热岩勘探开采实验基地建设，打造国家级干热岩勘查开发利用示范基地。

第二，页岩气与油页岩勘查。以柴达木盆地及周缘为重点，开展湖相和陆相页岩气调查评价，推动八宝山陆相页岩气勘查试采取得突破，超额完成柴北缘等地区油页岩、煤层气勘查任务。

第三，地热资源开发。加快地下热水勘查开发进程，扩大资源规模，推进地热发电项目，科学设计地热资源梯级利用模式。

第四，煤层气开发。以鱼卡矿区为核心，推进煤层气勘探开发，严格执行《煤层气资源勘查技术规范》，完成勘查、试采及资源储量评估工作。

（4）建设国家级新能源产业制造基地

推动新能源产业链高质量发展，主要从以下几个方面展开。

第一，光伏产业链。打造以硅材料为龙头的光伏上下游产业链，形成科学布局、协同发展的产业格局。支持光伏应用与制造一体化发展，提升光伏产品在国内终端市场的份额。重点突破单晶硅、硅片、高效电池及光伏背板膜等关键技术，改变光伏产业“哑铃”式发展模式。

第二，光热产业。在现有光热电站示范项目的基础上，推动光热发电技术跨越式发展，培育具有竞争力的本土光热发电工程技术企业，优化并创新国外光热技术，形成自主知识产权。

第三，储能产业。制定熔盐储能产业发展规划，打造全球规模领先的太阳能光热发电储能材料生产基地。

第四，风机装备制造。支持明阳、远景等本地风机装备制造企业拓展西北地区市场，推动风机装备制造基地建设。

第五，政策支持。争取国家产业政策支持，推动黄河上游水电开发有限责任公司电子级多晶硅项目纳入国家集成电路整体规划及《中国制造 2035》项目库，降低新能源制造企业用电成本，支持企业参与电力直接交易。

7.1.2 加强重点领域节能，提升能源消费质量

节能是实现青海省碳达峰目标的关键途径。为实现碳达峰目标，必须将节能增效作为核心任务，贯穿经济社会发展全过程。

（1）加强制造业节能

第一，能效提升行动。加快实施工业能效提升行动方案，严格控制高耗能行业能耗总量，严格落实强制性单位产品能耗限额标准，加强执法监督，确保标准执行到位。

第二，信息化与智能化。推动工业能源管理信息化建设，重点打造有色金属冶炼、建材、化工、石化和钢铁等行业的能源管理信息化平台，提升智能化水平。推广应用“互联网＋”、大数据和智能制造技术，提高生产效率，降低能耗。

第三，能效“领跑者”制度。严格执行《青海省工业企业能效“领跑者”制度实施方案》，在火电、电解铝、铁合金、水泥等高耗能领域评选“领跑者”企业，定期公布名单并给予资金和政策支持，激励企业争当“领跑者”。

（2）推动商贸流通业节能

第一，绿色管理体系。建立覆盖零售、批发、餐饮、住宿和物流等领域的能源管理体系，制定绿色节能低碳运营管理流程和激励机制。加快淘汰低效用能设备，推动照明和供热系统升级换代。

第二，绿色商场与供应链。严格执行绿色商场标准，建设绿色商场示范基地，鼓励商贸企业设立绿色产品专柜，推动大型商贸企业实施绿色供应链管理。

第三，绿色仓储与物流。推广绿色仓储标准，利用太阳能等清洁能源改造仓储设施，支持绿色物流园区建设。

（3）加强公共机构节能

第一，合同能源管理。全面推行公共机构合同能源管理模式，探索用能托管服务的可行性和必要性，支持公共机构通过合同能源管理实施节能改造。

第二，能源管理体系建设。推动公共机构建立能源管理体系，完善能源计量基础设施，开展能源审计工作。

第三，绿色建筑与设备。在公共机构建筑中普及绿色建筑标准，落实建筑节能措施和按热计量收费标准。新购公务用车全部选择节能和新能源汽车，优先采购节能、节水、环保的产品和设备。

第四，示范创建。支持公共机构实施节能节水改造工程，创建节能示范点和示范单位，提升能源资源利用效率。

（4）强化重点用能单位节能管理

第一，“百千万”行动。实施重点用能单位“百千万”行动，建立层级管理机制，明确节能主管部门的监督责任和管理责任，强化考核与问责机制。

第二，能效提升工程。推动重点用能单位实施综合能效提升工程，提升用能管理能力和能源利用效率，力争达到国际先进水平。

第三，能源管理体系建设。完善重点用能单位能源管理体系，开展能源审计、能效对标和电力规范管理，充分挖掘节能潜力。

第四，能耗监测与报告。严格执行能源管理负责人制度，优化更新能源计量设备，推动重点用能设备和单位的智能化升级，严格落实能源利用状况报告制度，完善能耗在线监测系统。

（5）强化重点用能设备节能管理

第一，高耗能设备监管。加强高耗能特种设备的节能监管，建立安全、节能和环保综合监管体系。

第二，燃煤锅炉改造。推进燃煤锅炉节能减排工作，规范锅炉生产、经营和使用环节的节能环保监督管理，开展节能环保培训。

第三，高效设备推广。全面推广高效换热器，提升热交换系统能效。加快高效电机、配电变压器等高效节能设备的研发和应用，淘汰老旧电机、变压器、风机、水泵和压缩机等设备，推动用能设备整体升级。

7.1.3 深入打好污染防治攻坚战，强化主要污染物减排

气候变化和污染物排放对经济社会发展产生了深远影响。严格控制碳排放强度、大幅削减主要污染物排放，已成为青海省解决生态环境问题和实现“双碳”目标的关键任务。

（1）推进制造业污染物减排

第一，全面达标排放。严格落实工业污染源全面达标排放实施方案，严格执行环境影响评价制度，推进在建项目关键污染物排放总量的减量替代工作，完善排污许可证制度下的工业企业环境管理体系。

第二，重点行业治理。将化工、纺织、农副产品和食品加工作为重点排污行业，强化废水治理和工艺技术创新，提升行业污染治理技术水平。推动火电、钢铁、水泥、化工和有色金属冶炼等重点行业的多污染物协同治理，根治工业窑炉烟气污染问题，严格执行火电机组超低排放标准。

第三，挥发性有机物管控。建立化工、包装印刷和表面涂装等重点行业挥发性有机物监管名录制度，严格控制挥发性有机物和有毒、有害废气排放。

第四，环境信息公开与监管。推动工业企业环境信息公开，开展企业环境信用等级评价。加强工业污染源监督监测，定期抽查排放情况，实施企业排放“红黄牌”制度。对超标排污企业给予“黄牌”警示，限制生产或停产整改；对整改不达标的企业亮“红牌”，依法停业关闭。各市（州）政府需制订工业污染源达标排放计划，上级监管部门每季度公布“黄牌”和“红牌”企业名单，对问题严重地区实施挂牌督办。

（2）加强农业污染排放治理

第一，面源污染控制。全面治理农牧业面源污染，实施畜禽养殖污染防治、高原网箱养殖污染治理和农业面源污染治理工程。严格落实黄河谷地和湟水流域畜禽养殖禁养区和限养区政策，依法关闭或搬迁禁养区内的畜禽养殖场（小区）和养殖专业户。

第二，废弃物资源化利用。推动畜禽养殖场配套建设粪便污水贮存、处理、利用设施，推广养殖业与农业循环发展模式，科学处置养殖废弃物，提升废弃物处理设施规范化水平。

第三，化肥农药减量。制定全省农牧业面源污染综合治理方案，在河湟谷地和柴达木绿洲农业区推广测土配方技术，实现化肥、农药零增长目标，提高化肥利用率。

第四，农膜回收与处置。加强农膜回收及综合利用，完善农药化肥及废弃物处置设施，彻底解决水环境污染问题。

（3）强化生活源污染综合整治

第一，污水处理设施升级。加快城镇污水处理设施更新改造，完善配套管网，提升污水处理能力。推进柴达木、青海湖和黑河流域污水处理设施升级改造，全面提升全省县城和城镇的污水处理能力。

第二，污泥无害化处置。确保西宁市、海东市、德令哈市和格尔木市污泥无害化处置工程正常运行，超额完成地级城市污泥无害化处理处置率目标。

第三，生活垃圾治理。完善生活垃圾回收处理设施，落实生活垃圾分类、收运和处理工作，提升城市生活垃圾回收率。西宁市城区生活垃圾分类制度取得显著成效，形成可复制、可推广的法规和标准体系。

第四，农村垃圾治理。推动农村垃圾治理取得突破性进展，落实村庄保洁制度，结合垃圾分类和资源化利用，改善农村环境。

第五，能源替代与清洁取暖。加强煤质监管，推广天然气替代燃煤，结合城市综合改造工程，优先实施“电代煤”和“气代煤”，推广洁净煤和绿色采暖炉，减少煤烟尘污染。

7.1.4 加快绿色低碳转型，力推工业领域碳达峰

工业是碳排放的主要领域之一，对全省实现碳达峰目标具有重要影响。青海省工业领域需加快绿色低碳转型和高质量发展，力争率先实现碳达峰。

（1）水泥行业低碳转型

水泥工业是国民经济的重要基础原材料行业，也是碳排放的重点领域之一，约占全省碳排放总量的15%。加快水泥行业低碳转型是实现碳达峰的关键。

第一，节能技术改造。通过节能技术改造和加强节能管理，推动全省水泥企业达到《水泥单位产品能源消耗限额》标准要求。

第二，替代燃料应用。推广使用替代燃料，降低化石燃料消耗。固态替代燃料包括木屑、塑料、农业残余物、废弃轮胎等；液态替代燃料包括矿物油、液压油等；气态替代燃料包括焦炉气、煤气等。废油气、废轮胎、污泥等替代燃料的应用可显著减少碳排放。

第三，钙质替代原料。使用钙质替代原料，能减少原材料碳酸盐分解产生的二氧化碳排放，具有较大的推广应用潜力。

第四，低碳胶凝材料。发展低碳胶凝材料体系，如低钙水泥、低热料水泥和碱激发材料。碱激发材料利用工业废渣（如粒化高炉矿渣、粉煤灰等）和碱激发剂制成，其二氧化碳排放比硅酸盐水泥降低约80%，具有显著的减排和资源化利用优势。

（2）钢铁行业低碳转型

钢铁行业是国民经济的重要基础产业，也是高耗能、高排放行业之一。

第一，碳捕集利用与封存（CCUS）。青海省在海西蒙古族藏族自治州等地区推进CCUS技术的规模化应用，依托毗邻衰退期油田的区位优

势，有效降低二氧化碳运输成本。通过提高石油采收率获得额外经济收益，从而构建起“碳封存 + 资源利用”的双重效益模式。

第二，氢能炼钢试点。借鉴瑞典、德国等国的氢能炼钢技术，结合海南藏族自治州丰富的绿色电力和水资源，探索低成本绿氢生产，推动氢气直接还原炼钢试点建设。

第三，“电炉 + 废钢”循环经济。发展“电炉 + 废钢”的循环经济模式，结合低碳电力供应，推动钢铁行业碳中和转型。

第四，过渡性技术应用。推广炉顶煤气循环、高炉喷吹氢气、直接熔融还原等过渡性技术，降低碳排放强度，为零碳钢铁技术的发展创造空间。同时，关注超低二氧化碳排放炼钢工艺（ULCOS）技术的研发与应用。

（3）铝行业低碳转型

第一，清洁能源替代。将可再生能源发电企业作为增量电网试点单位，争取国家政策支持，降低网内企业用电成本，实施绿色发展差别化电价政策，推动“煤—电—铝”模式向“水电、风电等清洁能源—铝”模式转型。

第二，再生铝体系建设。打造绿色低碳废铝保级利用和回收体系，构建再生铝行业清洁生产审核体系，制定废铝回收制度和标准，规范废铝回收与预处理行为。

第三，产业集群发展。推动铝加工企业与再生铝企业整合资源，促进再生铝项目落地，限制家庭作坊式废铝回收，推动产业集群化发展。

7.1.5 大力发展循环经济，推进资源节约集约循环利用

确立循环经济发展的主体地位，实现资源的节约、集约管理，构建资源循环产业体系和废旧物资循环利用体系。这不仅有助于保障青海省的资源安全，还能加快生态文明建设进程，对实现碳达峰目标具有重大意义。

（1）全面推进园区循环化改造

依据科学合理的空间布局、符合实际的产业结构、循环的产业链、高效的资源利用、集中的污染治理、绿色的基础设施和规范的运行管理要求，加快重点园区的循环升级改造。通过拓展产业链、增强产业关联度、建立公共服务平台，实现土地集约利用、资源能源高效利用和废弃物资源化。按照国家循环化园区改造项目的要求，实施分类指导，确保项目落地，并进行效果评估和考核。

（2）强化资源综合利用

推动资源再生利用向企业集成化、园区化和区域协同化发展，实现清洁化和高值化目标。落实生产者责任延伸制度，推进太阳能光伏组件、碳纤维、生物基纤维、节能灯等新型废弃物的再利用，实施动力蓄电池梯级回收利用。规范再生资源管理，发展符合实际需求的再制造产业，如汽车零部件和办公设备的再生产。建立规范的再制造服务体系，推广再生产品利用机制，支持专业再制造单位与钢铁、冶金、化工等机械制造企业合作，开展设备检测、寿命评估、清洗和“强迫延寿”再制造服务。

（3）推进城市废弃物协同处置

完善政策机制和标准规范，推动协同处置设施纳入城市环境基础设施管理，保障设施稳定运行。统筹处置厨余垃圾、园林废弃物、污水处理厂污泥等低值有机废物，关注共伴生矿产资源和尾矿的整体开发利用，综合利用煤矸石、粉煤灰、冶炼和化工废渣等工业固体废物。落实水泥窑协同处理城市生活垃圾功能，推进农作物秸秆、林业“三剩物”和规模化养殖场粪便的绿色处置。

（4）加快互联网与资源循环利用融合发展

再生资源企业应采用大数据和云计算技术，建立逆向物流网点和线上、线下回收网络体系。地级及以上城市应实现废弃物回收线上化，建立网上交易平台，发展“互联网+”回收新业态。对重点品种实施全生命周期追溯机制，建立循环化改造园区产业共生平台，与再生资源回收行业协会、企业共建行业区域性产业废弃物和再生资源线上交易平台，及时公布交易价格指数。实现汽车维修、保险、旧件回收、再制造和报废拆解等产品售后全生命周期信息互通共享，建立废弃电器电子产品高值废弃物在线回收平台。

（5）推行重点产品绿色设计

健全产品绿色设计政策机制，引导企业使用无毒无害、低毒低害、低（无）挥发性有机物（VOCs）含量等环境友好型原料，提高再生原料使用比例。设计易拆解、易分类、易回收的产品方案，推动包装和包装印刷减量化。完善重点产品绿色设计评价技术规范，鼓励行业协会发布产品绿色设计指南，推广绿色设计案例。

7.1.6　加快形成绿色低碳运输方式，确保交通运输领域碳排放尽快下降

青海省交通运输正处于快速发展阶段，未来需求将持续增长。为实现碳达峰目标，需从绿色交通、交通基础设施绿色化、节能环保道路运输装备应用和交通运输节能等方面入手。

（1）推进绿色交通发展

推动交通基础设施与生态空间紧密结合，保护重要生态功能区和生态环境敏感区，常态化管理永久基本农田。完善交通生态工程和修复措施，打造生态化交通网络。优化施工工艺，控制交通噪声、污染物和二氧化碳排放，严格监测和综合治理交通污染，建立生态补偿机制。提高废旧建材利用率，加快交通动力系统的清洁化、低碳化和高效化转型，并严格执行快递包装的绿色、减量和可循环标准。

（2）提升交通基础设施绿色环保水平

在国土空间规划中统筹“三条控制线”等空间管控要求，将生态环境保护理念贯穿交通基础设施的规划、设计、建设、管理、养护和运营全过程。以生态环境高水平保护协调推进交通运输高质量发展，全面推进绿色公路、绿色服务区的建设和改造，完善生态环境敏感路段跨河桥梁排水设施。在公路用地范围内开展生态绿化提升行动，严格落实生态保护和水土保持措施，推进已建成公路路侧边坡及取弃土场的生态修复工作。以国家公园示范省建设为契机，依托三江源国家公园建设，开展公路建设与生态保护研究试点工作，完善基础设施规划、设计、建设和运营全生命周期的生态环境保护及修复政策法规，逐步形成适应青海生态保护的区域公路建设体系。

（3）推广节能环保道路运输装备应用

落实交通运输碳达峰碳中和要求，促进交通能源动力系统电动化、清洁化、高效化。大力推广新能源和清洁能源车辆应用，新增和更新的城市公共交通、出租汽车、城市物流配送车辆应优先选择新能源或清洁能源车辆。支持高速公路服务区、客货运枢纽、公交场站等区域建设充电桩、充电站。严格实施道路运输车辆达标车型制度，持续推进国Ⅲ及以下排放标准柴油货车的提前淘汰更新，加快国Ⅵ排放标准营运车辆的推广应用。全面实施汽车排放检验与维护制度（I/M 制度），建立健全超标排放机动车闭环管理联防联控机制，减少在用汽车排气污染物排放。

（4）促进交通运输节能

加快交通基础设施网络建设，实现交通基础设施畅通成网。加强综合交通枢纽及其集疏运配套设施建设，力争实现客运“零距离换乘”和货运“无缝衔接”。加强服务区、收费站、隧道等设施的节能设计，推广应用节能减排新技术。完善绿色交通运输制度体系建设，基本建成交通运输能源与碳排放统计、监测管理平台。推行“公交优先”战略和现代物流发展模式，提升城乡客运基本公共服务均等化水平。加快发展绿色货运与现代物流，提高物流“最后一公里”运行效率。严格执行运输装备、机械设备能源消耗量准入制度和营运车辆燃料消耗量限值标准，积极发展新能源和清洁能源运输装备，建立交通运输装备能效标识制度。继续推进公交汽车、短途班线和出租汽车的能源结构改造。加大新能源汽车推广应用力度，加快集中式充换电站、充电桩等设施的建设。加快推进交通一卡通、移动支付、车联网等技术在交通运输领域的应用。

7.1.7 提升绿色低碳技术创新能力，抢占碳达峰技术制高点

根据以往相关领域的经验，经济的持续低碳、脱碳发展必须依靠科技创新来抢占先机。青海省承诺实现碳达峰目标，意味着其碳排放空间将大幅缩减，从而排除了走发达省区高消耗、高排放的工业化老路的可能性。因此，实施经济发展低碳、脱碳转型势在必行。

碳中和目标从根本上改变了低碳科技创新的思维模式。当前，由要素引领发展模式向创新引领发展模式的转变离不开科技创新。科技创新必须融入产业结构转型之中。同时，国家人力资源、应对气候变化以及推动低碳绿色经济发展的科技协同创新紧密相连，必须尽可能地排除或锁定高碳产业，为实现经济低碳、脱碳目标奠定坚实基础。

（1）实施基础前沿研究工程

围绕可再生能源、储能、氢能、CCUS等领域，重点开展以下方向的基础研究：新一代太阳能电池、电化学储能、催化制氢、直接空气二氧化碳捕集、化学链载体材料、二氧化碳分子断键与重构，以及生物直接转化二氧化碳等。通过深入研究这些方向的机制和方法，到2030年，力争实现两项以上基础前沿重大创新。

同时，聚焦低碳、零碳、负碳关键技术需求，促进新能源、新材料、生物技术、新一代信息技术等多学科交叉融合。通过协同创新，重点推进以下研究方向：规模化可再生能源储能、多能互补智慧能源系统，

以及二氧化碳捕集利用协同污染物治理等，为实现碳减排目标提供技术支撑。

（2）实施关键核心技术创新工程

围绕能源供给转型和脱碳、降碳需求，重点突破以下关键技术：火电机组提效降碳、太阳能发电、风力发电、生物质发电、规模化储能、先进输配电等。通过这些技术突破，支持“风光倍增”工程和“千万光伏”计划的实施，推动构建高比例可再生能源接入的“源网荷储”一体化电力系统。到2030年，力争实现百兆瓦（MW）级电化学储能技术的应用。

围绕碳达峰碳中和的重大需求，重点研发高压气态和液态储氢、氢燃料电池等核心技术，促进形成氢能产业链，推动氢能、生物质能等非电用能替代。基于基础材料升级、过程工艺革新、能量梯级回收和资源循环利用，突破一批流程再造关键技术。

聚焦低碳建筑、低碳交通、低碳生活等领域需求，通过多技术单元集成与优化，着力发展装配式建筑、交通低碳燃料替代、智能交通、综合能源、碳标签认证等关键技术。协同发展非二氧化碳温室气体减排技术，推进全社会节能减排。

聚焦碳捕集与利用，加快研发碳捕集先进材料、专用大型二氧化碳分离与热交换装备、二氧化碳资源化利用等关键核心技术。突破烟气二氧化碳捕集、二氧化碳矿化及微藻利用技术，部署直接空气二氧化碳捕集等负排放技术。

研究草地、湿地、农业等生态系统的碳汇关键影响因素和演化规律，重点开展绿碳、草原固碳、生态保护与修复等稳碳增汇技术攻关。建立生态碳储量核算、碳汇能力提升潜力评估等方法，挖掘生态系统碳汇潜力。

7.1.8 提高生态系统质量和稳定性，提升生态系统碳汇增量

生态系统碳汇不仅拓展了传统碳汇的概念，还超越了人们通常理解的范畴。传统碳汇主要通过植树造林和植被恢复等措施来消除大气中的二氧化碳，而现代碳汇概念则进一步涵盖了草原和湿地生态系统对碳的吸收能力，以及土壤和冻土在碳储存与固定中的作用。这些多样化的碳汇形式不仅优化了各类生态系统的碳循环过程，还提升了其对全球碳循环的整体调控和维持能力。

（1）提升自然资源利用效率，减少二氧化碳排放量

第一，优化用地结构与管理。加快用地结构调整，将“单位 GDP 二氧化碳排放降低比例、工业用地地均增加值、新增城市更新改造用地面积”等指标纳入市、县城市体检评估体系。严格落实限制和禁止用地目录，对于国家淘汰落后产能的项目，不予办理用地手续。

第二，推进节约、集约用地。开展节约、集约用地评价，严格执行建设用地标准控制制度。对于不符合土地使用标准的建设项目，不予办理相关手续。

第三，绿色矿山建设。科学引导矿产资源勘查开发与保护，严格新立矿业权准入。大力开展绿色矿山建设，健全绿色矿山工作推进机制，完善配套管理制度和扶持政策。积极指导云母、长石、硅灰石、制碱用石灰岩等行业重点企业创建绿色矿山。

（2）深入推进生态保护和修复，持续增强生态碳汇能力

第一，落实最严格的耕地保护制度。强化耕地数量、质量、生态“三位一体”保护，扎实开展农村乱占耕地建房专项整治行动，以“零容忍”的态度坚决遏制新增违法占用耕地行为。

第二，提升森林和草原碳汇能力。①制定科学造林绿化实施方案，加快荒山造林绿化，稳定和扩大森林面积，努力增加林草资源总量。②加强森林科学经营，加快实施森林抚育、低产低效林改造、退化林修

复等措施，调整改善森林空间结构和生长环境，促进幼、中龄林生长，提高森林质量和蓄积量。③编制草原面积和布局清单，开展草原生态系统固碳潜力分析，为碳汇监测提供科学依据。逐步推广草原碳汇测定试点，摸清全省草原生态系统碳汇底数。

第三，增强湿地系统固碳能力。落实国家湿地生态效益补偿政策，开展重要湿地生态修复，提升退化湿地生态功能，丰富湿地生物多样性。

第四，强化生态碳汇计量监测。①建立健全森林资源数据库，及时更新森林资源管理“一张图”，确保数据的准确性和时效性。②扎实开展生态碳汇计量监测，为森林碳储量变化提供科学依据。

第五，推进矿山生态修复。①按照《青海省矿山地质环境治理和生态修复规划》，全面落实各市县矿山地质环境治理年度任务，组织开展重点区域历史遗留废弃矿山生态修复。②高质量编制省、市、县国土空间生态修复规划，稳步推进全域土地综合整治国家试点。③推进湟水河流域（黄河水系）山水林田湖草沙生态保护修复工程、矿山地质环境恢复治理与土地复垦工程、废弃无主尾矿库治理工程，实施海岸带保护。④加快推进露天矿综合治理，积极争取项目和资金支持，助力省内资源富集地区创新发展。

7.1.9 倡导绿色低碳生活方式，推进绿色低碳全民行动

（1）推进家庭、社区降碳行动

第一，普及低碳知识。充分利用各种媒体宣传节能降碳知识，倡导低能耗、低消耗的低碳生活，推广勤俭节约、反对浪费的理念。减少一次性购物袋使用，推广可重复利用的物品，反对过度包装。

第二，倡导低碳出行。鼓励步行、骑行和乘坐公共交通，各级政府、学校、企事业单位和社区应积极开展降碳活动，如低碳小发明竞赛等，并推广优秀成果。

第三，推广垃圾分类与资源回收。社区应做好垃圾分类回收工作，

鼓励居民参与节能降碳活动。评选“节能环保家庭”和个人，宣传其先进事迹，发挥示范效应。

第四，加强宣传教育。开展低碳知识讲座、科普活动，利用社区宣传栏、黑板报等载体，张贴节能降碳标语和宣传画。发放低碳科普读物，推广节能环保常识。

（2）推进农村降碳行动

第一，推广节能降碳技术。将《农业和农村节能减排十大技术》普及到农牧区，设立技术咨询台，提供培训和现场指导。帮助农民树立节能降碳理念，使其成为重要的节能降碳主体。

第二，科学处理农村废弃物。推动畜禽粪便、秸秆、垃圾和污水的资源化利用，将其转化为肥料、饲料和燃料，实现经济、生态和社会效益的统一。推广节水、节肥、节能技术，改善农村环境。

第三，营造节能降碳氛围。通过媒体、培训班等形式，宣传节能降碳知识，帮助农民养成节约资源、保护环境的习惯，营造良好的节能降碳氛围。

（3）推进党政机关降碳行动

第一，优化办公节能措施。在用电高峰时段减少空调使用，采用自然光照明，推广节能环保办公用品，杜绝待机能耗，推广节能插座等新技术。

第二，合理配置公务用车。新增公务车优先选择中小排量和清洁能源汽车，实施公务车尾号限行和试点回收置换制度。推广“135”出行方案（1 公里步行、3 公里骑行、5 公里公交），减少机关人员开车里程。

第三，加强资源循环利用。建立废旧物品回收机制，推进厨余垃圾资源化利用，完善资源循环利用渠道。

第四，强化节能宣传与监督。开展能源紧缺体验活动，落实节约型机关建设目标。通过媒体公示政府机构能耗信息，接受社会监督。

（4）推进青少年降碳行动

第一，开展环保教育活动。推出青少年节约示范行动，从节约用水、用电、用纸等小事做起，培养环保意识。开展保护母亲河、植树造林等活动，优化生态环境。

第二，推广绿色校园活动。组织绿色校园节能服务活动，引导学生养成节约能源的习惯，鼓励青少年参与节能降碳的社区活动。

第三，创新宣传方式。利用互联网、短视频、动漫等新媒体手段，创作儿歌、童谣、故事等作品，以宣传节能环保知识。同时，表彰在节能降碳活动中表现突出的个人，并将其纳入相关的表彰体系。

（5）推进科普降碳行动

第一，丰富科普宣传形式。通过展览、图书、影视、网络视频等多种渠道，宣传节能降碳知识。同时，制订科普创作资助计划，以支持节能降碳主题的科普作品创作。

第二，发挥科普基础设施作用。利用科技博物馆、科普教育基地等平台，举办节能降碳相关的展览和教育培训活动。同时，参与流动科技馆项目建设，开展巡回展览活动。

第三，加强社区科普宣传工作。利用社区平台和媒体资源，宣传节能降碳知识。同时，发挥数字科技馆的线上功能，为公众提供数字化科普资源和服务。

7.2 保障措施

构建清洁能源体系、加强重点领域节能减排、加快绿色低碳转型、大力发展循环经济、提升绿色低碳技术创新能力、提升生态系统碳汇增量等发展路径，离不开宏观布局、精准施策、财政金融、技术转化等措施的保障和支撑。

7.2.1 将“双碳”目标纳入青海生态文明建设总体布局

做好全面绿色转型下碳达峰碳中和的全省战略设计，明确时间表和路线图，提出2030年、2035年、2050年等关键时间点的“双碳”目标。以“双碳”目标为统领，统筹全省能耗强度和总量控制、非化石能源消费占比、空气质量达标、农业面源治理、生态保护修复、产业结构和交通结构调整升级等目标，形成科学合理的生态文明建设整体目标体系。

进一步凸显绿色有机农牧业的地位，以打造绿色有机农牧产品品牌为抓手，倒逼农药、化肥减量使用，促进农牧循环发展。在工业领域，推动行业的结构性变革和产业布局优化，加快高耗能行业的绿色低碳改造和结构升级。具体措施包括钢铁产业脱碳、石化产业去燃料化、再生有色金属替代等。围绕清洁能源基地，推动“新能源+”生产力布局，鼓励占地面积大、能耗高、用水多、交通成本高的产业向省内可再生能源丰富的地区转移。

构建减污降碳评价指标体系，对交通、制造业、建筑等领域的减排措施开展全生命周期、多维度评估，确立最优方案。推动以碳减排为导向的资源循环利用体系，对污水、污泥、垃圾实施“源头减量+低能耗处理技术+控制温室气体逸散+碳补偿”等综合处理方案。坚持“宜草则草、宜林则林、宜乔则乔”的生态修复原则，进行自然修复，提升森林、草原、湿地、农业用地的碳汇能力。

进一步加强省级有关部门的合作与统筹协调，促进各利益相关方广泛参与。积极利用市场化手段，加强碳市场、用能权交易、绿证交易等的统筹协调，避免重复低效和高制度成本。建立基于碳中和的高质量、全生命周期的低碳标准、标识及标杆体系。建立健全基于碳汇的森林、草原、湿地等生态补偿机制。在严格评估生态影响的前提下，推行生态用地混合利用政策。

7.2.2 构筑碳达峰碳中和精准施策的基础

实现“双碳”目标需要科学的标准体系、精准的实施细则和完善的利益实现机制作为支撑，具体措施如下。

（1）建立科学的标准体系

要实现碳达峰目标并准确衡量达峰程度，离不开明确的衡量标准体系，这是实施目标管理的基础。只有将碳排放标准建立在科学规范的基础之上，才能确保碳排放数据统计与核算工作的规范性，进而为构建有效的碳监测与监控制度奠定坚实基础。具体措施可以从以下 3 个方面推进。

第一，构建科学核算标准体系。制定一套既符合国际公约要求又适应国内实际情况的温室气体排放量核算指南，涵盖省级清单编制规范、重点行业碳排放核算方法和报告标准。通过统一核算口径和技术规范，为地方政府和企业制定减排路径选择政策工具提供科学依据，确保碳排放管理工作的规范性和可操作性。

第二，强化核算工作的连续性和透明度。在开展温室气体排放核算时，需保持时间序列的连续性，并确保核算方法、数据来源和假设条件的清晰性、透明度和全面性。

第三，搭建标准化数据共享平台。应构建一个能够统筹各部门数据、服务于碳排放核算的完整、标准化且可动态更新的数据共享平台，以便真实掌握温室气体排放情况，为碳达峰目标管理提供高效的数据服务。

（2）制定精准的实施细则

在党中央和国务院《中共中央　国务院关于完整准确全面贯彻新发展理念做好碳达峰碳中和工作的意见》和《2030 年前碳达峰行动方案》的指导下，全省各市、州政府应结合本地区资源环境禀赋、产业布局和发展阶段，科学制定碳达峰行动方案，明确碳达峰时间表、路线图和施工图。具体措施包括以下两个方面。

第一，构建“1+N”政策体系。科学制定“1+N”政策体系，分产业、分地区明确规划具体的实施细则。既要明确行动目标，又要制定切实可行的政策措施与体制机制，以确保目标的实现。

第二，完善配套措施。配备碳统计核算、监管考核等具体措施，并提供财政、金融等方面的政策支持，以形成一套完备的操作体系。

（3）完善低碳产品（服务）利益实现机制

低碳产品或服务通常面临“难度量、难抵押、难交易、难变现”等问题，多数属于公共产品，难以直接用于市场交换。只有将市场机制与政府作用有机结合，才能使低碳产品（服务）获得合理回报。具体措施包括以下 3 个方面。

第一，建立生态补偿机制。通过生态补偿机制，保障低碳产品（服务）的利益实现。

第二，推进市场化手段。推进碳交易、用能权交易市场，实行合同能源管理等环境政策，激发“两高”企业节能减污降碳的内生动力。

第三，发挥政策驱动作用。开征绿色税或生态税，发挥有效市场和有为政府的双重驱动作用，推动低碳产品（服务）的市场化发展。

7.2.3 加强宏观政策的指导与协调作用

为推动低碳经济发展，需加强宏观政策的指导与协调，具体措施如下。

（1）完善低碳经济政策体系

低碳经济的发展并非完全遵循传统市场经济模式，经济主体在追求资源配置优化和经济利益最大化时，往往会忽视外部性问题。因此，政府需出台涵盖宏观、中观、微观层面的低碳政策体系，深化经济体制改革，制定中长期低碳经济发展规划。具体措施包括以下两个方面。

第一，制定政策工具体系。发布引导高碳产业低碳化转型、支持低碳新兴产业发展、完善低碳经济核算与考核制度、实施财政资金补贴与奖励、推动低碳技术科技创新研发等方面的政策工具体系。形成层次分明、内容完备、重点突出的低碳经济政策体系。

第二，建立低碳标准与监管机制。制定低碳项目、低碳工程、低碳产品的强制性标准，加强对节能减排和能耗水平的监管与调控，确保政策的有效落实。

（2）构建能源消费约束机制

青海省的经济发展离不开能源支持，而低碳经济的核心在于降低能源消费及减少碳排放。有关部门应发挥主导作用，根据青海省国有经济占主体、民营经济相对薄弱的经济结构特点，制定长远的低碳经济发展规划，建立政府、企业、个人共同参与的能源消费约束机制。具体措施包括以下两个方面。

第一，优化能源结构。从供给侧限制煤炭、石油等化石能源的生产，鼓励和支持风能、光能等新能源及天然气的生产与供给，以优化能源结构。

第二，推动企业低碳转型。鼓励盐湖、西矿、庆华等大型企业集团发展绿色低碳产业，加强新能源、新技术、新产品的研发与应用，推动传统产业向低碳化改造转型。

（3）完善低碳经济发展信息披露机制

利用现有的“互联网+”平台，结合青海省农牧业、林业、工业、能源等领域的特点，建立低碳信息网络发布和服务体系。具体措施包括以下两个方面。

第一，权威发布低碳信息。整合各行业和领域的零散信息，经专家论证和确认后，以权威渠道发布环境、能源等方面的低碳数据和信息。一方面为政府、企业、社会团体和个人提供决策依据；另一方面通过数据对标，发现经济发展中的差距，促使各类经济主体履行社会责任，改进生产生活方式，落实低碳经济发展指标。

第二，发挥社会监督作用。通过信息披露，动员民众参与监督，规范发展模式，激励各类经济主体为青海省低碳经济发展贡献力量。

7.2.4　财政金融支持低碳产业发展

财政金融支持是推动低碳产业发展的重要保障。青海省需通过争取国家资金扶持、优化财政资金使用、创新金融体系等措施，为低碳经济发展提供有力支持。

（1）争取国家资金扶持和减税政策

青海省低碳发展和生态环境保护需要公共财政的支持。然而，由于地方财政收入有限，难以满足低碳经济发展的需求。因此，需进一步争取国家支持，建立低碳经济发展的财政政策体系。具体措施包括以下两个方面。

第一，设立专项资金。呼吁国家设立支持低碳经济发展的专项资金，加大对青海省的生态低碳转移支付力度，为低碳经济发展和产业结构调整提供资金支持。

第二，实施渐进式税制改革。探讨渐进式税制改革，调整现行低碳税收优惠政策。对发展低碳产业、综合利用可再生资源、节能减排的企业和个人给予税收减免，发挥税收政策的激励作用，调动市场主体的积极性。

（2）整合低碳经济发展资金

低碳经济已成为我国经济社会发展的重要理念，公共财政通过投资补贴、产品补贴、资金奖励等方式，为青海省低碳经济发展提供了大量支持。然而，目前这些资金分散、独立，缺乏关联，支出事项复杂且存在空间重叠，导致资金使用效率低下。为此，青海省需对现有资金进行整合，具体措施包括以下两个方面。

第一，整合各类资金来源。对现有的“天保”资金、三江源自然保护专项资金、退耕还林补贴、秸秆综合利用补贴、新能源发电项目电价补贴、公共产品节能购买补贴、低碳技术科技资金支持、产业结构调整补贴等进行整合，集中使用，提高资金使用效率。

第二，分类管理。按照低碳技术研发、新能源项目、生态保护等重点领域，对资金进行分类管理，确保资金精准投入，有效推动低碳经济发展。

（3）优化基金结构，创新“双碳”金融体系

为撬动社会资本支持低碳经济发展，需优化基金结构，创新金融体系。具体措施包括以下 3 个方面。

第一，设立省林业产业基金。财政部门出资设立省林业产业基金，引导社会资本进入低碳经济领域，推动林业碳汇产业发展。

第二，建立低碳经济融资担保制度。创新碳金融政策体系，建立低碳经济融资担保制度。政府出台政策，限制高碳产业的贷款条件，同时鼓励金融机构降低低碳企业的信贷门槛，加大对低碳技术研发、设备改造、新能源项目和生态保护的投融资力度。

第三，引入生态碳汇抵押模式。探索将生态碳汇作为无形抵押物申请贷款的新模式，设立特殊碳金融项目，推动生态碳汇产业发展，为低碳经济提供多元化的金融支持。

7.2.5 激励低碳技术成果的研发与转化

为推动低碳技术的研发与转化，青海省需整合资源、优化平台，并通过政策支持加速技术推广与应用，具体措施如下。

（1）建立“互联网＋低碳”共享研发平台

在当今共享经济时代，互联网平台是实现资源共享与协同创新的重要工具。近年来，随着我国综合国力的增强和国际地位的提升，国家对节能减排和生态环境领域的低碳技术研发投入不断增加，推动了低碳技术的快速发展。青海省拥有中国科学院西北高原生物研究所、中国科学院青藏高原研究院等从事生态环保研究的高校和科研院所，这些单位在低碳技术、低碳产品和低碳装备研发方面具有深厚基础。为进一步整合

资源，发挥科技优势，政府应牵头建立“互联网+低碳”共享研发平台，推动企业、高校等主体参与，形成产学研协同创新机制，助力青海省低碳经济创新发展。

（2）加快节能减排技术的推广和应用

低碳技术研发初期往往面临投资大、周期长、市场化难度高等问题。因此，需加快节能减排低碳技术的推广和应用，建立低碳产业规模，完善商业化运作模式，形成产学研一体化的良性循环。具体措施包括以下两个方面。

第一，完善商业化运作模式。推动低碳技术由实验室走向市场，建立完整的低碳产业链，促进技术的规模化应用。

第二，提供政策支持。对于省内“黄果树”地区等重点区域，推广可再生能源技术、高效节能高温锅炉、低温储能技术等，政府应通过补贴、税收优惠等方式，缓解研发资金压力，提高技术研发者的抗风险能力，降低技术转让成本，促进低碳技术的转让、合作与应用。

参考文献

［1］Unruh G C. Escaping carbon lock-in［D］. Fletcher School of Law and Diplomacy（Tufts University），1999.

［2］Unruh G C. Understanding carbon lock-in［J］. Energy Policy，2000，28（12）：817-830. DOI:10.1016/s0301-4215（00）00070-7.

［3］Schot J，Geels F W. Niches in evolutionary theories of technical change［J］. Journal of Evolutionary Economics，2007，17（5）：605-622. DOI:10.1007/s00191-007-0057-5.

［4］Wang Q，Su M，Li R.Toward to economic growth without emission growth：The role of urbanization and industrialization in China and India［J］. Journal of Cleaner Production，2018，205（PT.1-1162）：499-511. DOI：10.1016/j.jclepro.2018.09.034.

［5］Sheng P，Li J，Zhai M，et al.Economic growth efficiency and carbon reduction efficiency in China：Coupling or decoupling［J］. Energy Reports，2021（7）：289-299. DOI：10.1016/j.egyr.2020.12.043.

［6］段福梅 . 中国二氧化碳排放峰值的情景预测及达峰特征——基于粒子群优化算法的 BP 神经网络分析［J］. 东北财经大学学报，2018（5）：9. DOI：CNKI：SUN：DBCD.0.2018-05-003.

［7］陈占明，吴施美，马文博，等 . 中国地级以上城市二氧化碳排放的影响因素分析：基于扩展的 STIRPAT 模型［J］. 中国人口·资源与环境，2018，28（10）：45-54.

［8］李佛关，吴立军 . 基于 LMDI 法对碳排放驱动因素的分解研究［J］.

统计与决策，2019，35（21）：101–104. DOI：10.13546/j.cnki.tjyjc.2019.21.023.
［9］王勇，韩舒婉，李嘉源，等．五大交通运输方式碳达峰的经验分解与情景预测——以东北三省为例［J］．资源科学，2019，41（10）：13. DOI：CNKI：SUN：ZRZY.0.2019–10–006.
［10］王杰，李治国，谷继建．金砖国家碳排放与经济增长脱钩弹性及驱动因素：基于 Tapio 脱钩和 LMDI 模型的分析［J］．世界地理研究，2021，30（3）：501–508.
［11］宁论辰，郑雯，曾良恩．2007—2016 年中国省域碳排放效率评价及影响因素分析：基于超效率 SBM–Tobit 模型的两阶段分析［J］．北京大学学报（自然科学版），2021，57（1）：181–188.
［12］严雅雪，李琼琼，李小平．中国城市雾霾库兹涅茨曲线的区域异质性研究［J］．统计与决策，2021，37（2）：60–64.
［13］胡剑波，闫烁，韩君．中国产业部门隐含碳排放效率研究：基于三阶段 DEA 模型与非竞争型 I–O 模型的实证分析［J］．统计研究，2021，38（6）：30–43.
［14］赵志耘，李芳．碳中和技术经济学的理论与实践研究［J］．中国软科学，2021（9）：1–13.
［15］张翱祥，邓荣荣．中部六省碳排放效率与产业结构优化的耦合协调度及影响因素分析［J］．生态经济，2021，37（3）：31–37.
［16］郭扬，吕一铮，严坤，等．中国工业园区低碳发展路径研究［J］．中国环境管理，2021，13（1）：49–58.
［17］刘鑫．青海省碳排放及增汇减排潜力研究［D］．哈尔滨：东北林业大学，2021.
［18］王江，张翔．可持续能源转型：模型构建与分析［J］．中国人口·资源与环境，2020，30（3）：74–82.
［19］王霞，张丽君，秦耀辰，等．中国制造业碳排放时空演变及驱动因素研究［J］．干旱区地理，2020，43（2）：536–545.
［20］庄贵阳．中国低碳城市试点的政策设计逻辑［J］．中国人口·资源

与环境，2020，30（3）：19–28.
［21］张翼，张士强 . 中国与美国碳排放 EKC 分析及因素分解［J］. 统计与决策，2020，36（20）：153–156.
［22］刘硕，李玉娥，秦晓波，等 .《巴黎协定》实施细则适应议题焦点解析及后续中国应对措施［J］. 气候变化研究进展，2019，15（4）：436–444.
［23］方行明，何春丽，张蓓 . 世界能源演进路径与中国能源结构的转型［J］. 政治经济学评论，2019，10（2）：178–201.
［24］张庆宇，张雨龙，潘斌斌 . 改革开放 40 年中国经济增长与碳排放影响因素分析［J］. 干旱区资源与环境，2019，33（10）：9–13.
［25］陆敏，王增武 . 基于 DEA 模型的中国碳排放管制效率研究［J］. 生态经济，2019，35（6）：13–17.
［26］王菲，杨雪，王思鹏，等 . 基于 EKC 假说的碳排放与经济增长关系实证研究［J］. 生态经济，2018，34（10）：19–23.
［27］国家发展改革委，国家能源局，财政部，自然资源部，生态环境部，住房城乡建设部，农业农村部，中国气象局，国家林业和草原局 .“十四五”可再生能源发展规划［EB/OL］.（2022–06–02）. https://baike.baidu.com/reference/59508993/b1a0iBIYjQLWiVCjmcIgIBROmll0YQI5_ZsFqSxY33ggwcredxz1zcSD4BskCalifOGr5e5zuUk8doZxcvQHVNJSru6mb0814sHK7pmmz10zVOIujZ5qieqpb0j9KpT2OydLJOg.
［28］青海省交通运输厅 . 青海省“十四五”交通运输发展规划［EB/OL］.（2022–06–01）. http://jtyst.qinghai.gov.cn/tzgg/zfxxgk/zfxxgkml/ghjh/zcjgh/2022-06-01-146155.html.